영원한 독도인 최종덕

영원한 독도인 최종덕

김호동 편저

경인문화사

소리 글인 우리말을 뜻글자인 한자로 옮길 때 소리나는 대로 읽기도 하고, 뜻으로 읽기도 한다. 독도는 돌(바위)로 이루어진 섬이기 때문에 돌의 사투리인 '독'을 사용하여 '독섬'으로 불렀다. 조선시대에 '돌'을 뜻하는 '독'이란 한자가 없기 때문에 한자로 옮길 때 소리로 표기할 경우 '독(獨)'자로 표기하였고, 뜻으로 표기할 경우 '석(石)'자로 썼다. 그래서 돌로 이루어진 '독섬'을 '독도(獨島)'라고 쓰기도 하였고, 칙령 제41호에서는 '석도(石島)'라고 썼다.

왜 독도는 바위섬일까? 한국의 대표적인 화산섬은 제주도, 울릉도, 독도이다. 그 가운데 가장 작고 육지에서 멀리 떨어진 독도를 '국토의 막내둥이'로 표현하고 있지만 가장 먼저 형성된 섬이다. 독도는 약 460만~250만 년 전, 울릉도는 약 250만 년 전 이후, 제주도는 약 120만 년 전 이후에 생성되었다.

가장 늦게 분출한 화산섬인 제주도는 가장 크고 백두산의 천지처럼 한라산의 분화구에 백록담에 물이 있다. 제주도보다 일찍 분출한 울릉도의 분화구인 나리분지에는 용출수가 분출하고 경작지와 너와집과 투막집 등의 주택이 존재한다. 그보다 훨씬 이른 시기에 분출한 독도는 몇 백만 년 동안 비바람과 파도에 의해 깎여져 가장 작은, 바위만 남은 섬이 되었다. 그래서 독도는 토양이 거의 없는 바위섬이기 때문에 나무도 거의 없고 물도 얻기가 쉽지 않다.

돌로 이루어진 바위섬인 독도지만 옛날부터 사람이 드나들었다. 울릉도에서 육안으로 볼 수 있는 가시거리이기 때문이다. 독도에 드나들었던 사람들은 누구일까? 강원도에서 울릉도가 보인다. 그래서 강원도 삼척, 울진 등의 동해안 연안민들은 일찍부터 울릉도에 드나들었다. 그들은 울릉도에서 독도를 맨눈으로 보고, 독도로 건너갔다. 나무나 물이 거의 없는 바위섬인 독도에서 생활터전을 마련할 수가 없었다. 그래서 울릉도로 귀환하였다. 조선후기에 오면 동남해연안민들이 울릉도, 독도에 몰려들었지만 독도에 생활공간을 마련하지 못하였다. 일본의 경우 불법적으로 울릉도로 가는 도중에 잠시 들르는 정박장, 어채지에 불과하였다. 1904년 전후 독도에서 강치잡이에 나선 일본 어부들 역시 울릉도를 거점으로 하면서 약 10일 정도만 독도에서 강치잡이를 하였을 뿐이다. 해방 후 독도의용수비대가 독도를 지킬 시절에도 독도에 미역을 캐러온 제주해녀들의 경우 한, 두 달 정도, 길어야 석 달 정도만 독도에 머물렀다. 이처럼 독도는 사람이 주거할 수 있는 조건을 구비할 수 있는 공간이 아니었다.

최악의 악조건의 바위섬인 독도에 주민이 살게 된 것은 최종덕이 독도에 자리 잡게 된 이후부터이다. 그는 1965년에 독도어장채취권을 획득하여 1987년 갑작스럽게 세상을 떠나기 전까지 일 년에 약 10개월 이상 독도에 머물면서 유일한 담수가 나오는 물골을 정비하고, 항구적인 살림집을 마련하여, 살림집에서 물골로 넘어가는 998계단을 만들었다. 그러면서 김, 미역, 전복, 소라, 문어 등을 잡아 올렸고, 전복양식까지 하면서 올린 수익을 독도에 재투자하여 서도를 주민이 살 수 있는 공간으로 만들어갔다. 1981년에 본인과 처 조갑순, 그리고 딸 최경숙의 주민등록을 독도로 옮겼고, 제주 해녀들마저 독도로 주민등록을 옮기게 하여 독도 마을을 조성하고자 하였다. 그의 노력으로 인해 서도는 주민 생활공간으로 자리 잡게 되었다. 그와 인연을 맺었던 김성도·김신열 부부가 현재의 독도주민으로 살게 된 것도 그의 노력의 결과이다.

독도는 동도와 서도 외 89개의 바위와 암초로 구성되었다. 서도는 주민생활공간이고, 동도는 독도의용수비대와 독도경비대가 주둔했던 경비구역으로 대별된다. 서도를 주민생활공간으로 만든 사람은 최종덕이고, 동도를 경비구역으로 온전하게 자리 잡게 하는 데 있어서도 최종덕이 많이 기여하였다. 이 책은 그 과정을 담은 것이다.

1987년에 최종덕이 갑작스럽게 뇌출혈로 쓰러졌기 때문에, 그가 남긴 기록이 존재하지 않는다. 그런 까닭에 이 책은 그와 함께 독도에서 살았던 최경숙(딸)과 제주 해녀 고순자, 그리고 그를 기억하는 주변 인물의 증언을 기초로 하면서, 그 당시에 만들어졌던 영상자료, 신문기사 등을 갖고 쓰여 졌다. 그런 점에서 이 책은 많은 한계를 갖고 있다. 그런 한계를 가짐에도 불구하고 세상에 내놓게 된 것은 독도를 주민들의 삶의 공간으로 만든 독도 최초 주민인 최종덕에 관한 글이 제대로 된 것이 없기 때문이다.

이 책의 출판으로 인해 향후 최종덕을 기억하는 사람들의 증언과 자료 등이 공개됨으로써 최종덕의 독도에서의 삶이 재조명되기를 기대한다. 그런 목적을 가진 이 책은 2부와 3부에서 이 책의 집필을 가능하게 한 증언 자료와 영상 자료, 신문기사까지 실었다. '제1부 영원한 독도인, 최종덕이 독도에 남긴 삶의 흔적'에 그 구체적 전거자료를 밝히지 않은 것은 2, 3부의 자료에 근거한 것이다. 그런 점에서 2, 3부의 자료에 대한 면밀한 검토가 향후 이루어지길 바란다.

향후 최종덕의 딸이 독도 생활 13년의 회고담을 스스로 남기길 염원한다. 그리고 최종덕과 함께 독도에서 생활하였던 제주 해녀 고순자, 문영심 등의 증언 및 최종덕을 기억하는 독도경비대의 증언, 그리고 현재의 독도주민인 김성도의 증언 등도 하나의 책으로 만들어져 최종덕의 독도의 삶이 객관적으로 재조명되길 바란다.

2012년 9월 1일

김호동 씀

| 차 례 |

제1부
영원한 독도인, 최종덕이 독도에 남긴 삶의 흔적

최종덕이 독도에 남긴 삶의 흔적

1. 머리말

국가의 3대 요소는 영토, 주민, 주권이다. 주민이 살지 않는 무인도의 경우도 국가의 영토가 될 수 있다. 그렇지만 국가와 국가 사이에 영유권 분쟁이 발생하였을 때 주민이 살면서 국가에 대한 권리와 의무를 수행하였다는 것이 인정된다면 국제적으로 온전한 영토로 인정받을 수 있다. 그만큼 섬에 주민이 산다는 것은 중요하다.

1693년 일본 오야가의 어부들이 울릉도에서 안용복과 박어둔을 납치하여 일본으로 끌고 갔다. 이 일로 인해 조선정부와 일본 정부 사이에 '울릉도쟁계(일본의 경우 '죽도일건(竹島一件)'이라고 부른다)'가 발생하였다. 1696년 1월, 일본은 울릉도에 '일본인이 거주했다거나 이쪽(일본)에서 빼앗은 섬이 아니다'라고 하여 울릉도가 조선의 땅임을 인정하고 '죽도도항금지령(竹島渡航禁止令)'을 내렸다. 이 사건을 통해서도 한 국가의 영토가 되기 위해서는 일정한 주민의 확보가 필요함을 알 수 있다.

현재 독도에는 독도경비대를 비롯한 등대지기, 즉 항로표지원들이 있다. 그들은 온전한 독도 주민이라고 할 수는 없다. 현재 살고

〈사진 1〉 독도의 최초 주민 최종덕

있는 김성도, 김신열 부부가 독도에서의 삶을 영위하면서 주민의
권리와 의무를 갖기 있기 때문에 독도주민이라고 할 수 있다. 김성
도가 독도에서 삶의 터전을 꾸리게 된 계기는 독도 최초 주민인 최
종덕과 인연을 맺게 된 때문이다.

독도의 최초 주민은 최종덕이다. 최종덕(1925~1987)은 1964년에
독도에 첫 입도를 한 이후 1965년부터 독도에서 상주하면서 어로
활동을 하였고, 1981년 독도에 주민등록을 옮겨 법적으로도 독도
의 최초 주민이 되었다. 최종덕은 1965년 독도어장 채취권을 취득
한 후 약 22년 동안 미역, 전복, 소라 등을 채취하였고, 양식사업을
하기 위해 해안에 세 채의 살림집을 짓고 생활하였다. 이곳에서 동
력선 1척, 무동력선 2척을 소유하고 선원 2명과 해녀 1명을 고용하
였다. 그는 제주 해녀 김정순, 고순자 등을 직접 고용하였다. 그녀
들은 독도 해안의 미역과 패류를 채취하였으며, 한 여름 파도가 거

센 2~3개월을 제외하고 연중 작업을 했다.[1] 그 22년 동안 최종덕은 서도를 주민공간으로 꾸며갔다. 현재 김성도, 김신열 부부가 독도에 살게 된 것도 그 노력의 결과이다.

최종덕은 독도를 주민이 살 수 있는 공간으로 가꾸어갔지만 1987년 9월 초 다이애나 태풍으로 인해 주거공간과 선가장이 파괴되었다. 그는 복구 자재를 구입하여 육지로 나갔다가 울릉도로 돌아가던 중 포항 비스터미널에서 뇌출혈로 인해 세상을 떠났다. 그 기나긴 독도의 역사에서 독도에 삶의 뿌리를 내렸던, 최초의 주민 최종덕은 그렇게 떠나갔다. 생전에 그는 서도 꼭대기에 자신의 묘터를 파놓았지만 거기에 잠들지 못하고 떠났다.

갑작스러운 죽음으로 인해 최종덕은 기록을 남기지 않았다. 그에 대한 평가가 제대로 이루어지지 못한 것은 그 때문이다.

늦으나마 최종덕의 독도에서의 삶의 흔적을 드러내주는 것은 독도 영유권의 공고화에 크게 기여하게 될 것이다. 그런 의도에서 이 책은 기획되었다.

최종덕이 남긴 글이 없는 상황에서 독도에서 그와 같이 살았던 딸인 최경숙, 그리고 함께 동고동락했던 제주해녀 고순자의 증언, 신문과 영상자료를 주된 사료로 활용했다는 점에서 이 책은 일정한 한계를 갖고 있다. 최종덕의 독도에서의 삶을 얼마만큼 객관적으로 드러낼 수 있는가 하는 문제이다.

지금까지 최종덕에 대해 체계적으로 정리한 책이 없다. 이 책의 발간으로 인해 최종덕에 대한 다양한 평가가 여러 곳에서 이루어지는 계기가 될 수 있기를 바라는 염원에서 이 책은 기획되었다. 그래서 2부 증언의 경우 사투리까지 그대로 수록하였다. 이 책이 최종덕의 삶을 재조명하는 초석이 되기를 바라는 의도에서 그렇게 하였음을 밝힌다.

2. 최종덕 일가의 독도에서의 삶이 갖고 있는 의미

1982년 4월 채택된 유엔해양법협약 제121조 제3항에 "인간의 거주 또는 독자적 경제생활을 지탱할 수 없는 암석은 배타적 경제수역 또는 대륙붕을 가질 수 없다"는 규정이 있다. 그렇다면 인간의 거주는 물론 독자적 경제생활을 영위할 수 있는 암석이라면 동 121조 1항의 도서(islands)의 요건을 충족하면서 12해리 영해는 물론 배타적 경제수역과 대륙붕을 가질 수 있다고 보아야 한다. 인간이 거주하는 섬은 무인도가 아니라 유인도이다. 유인도가 되기 위한 조건으로서 첫째, 수목이 있어야 하고, 둘째 식수가 나와야 하고, 셋째 상주인구가 2가구 이상이 되어야 한다는 주장이 있지만 1982년의 유엔해양법 협약에는 이에 대한 아무런 규정도 두고 있지 않다. 그 설 역시 국제법상 확립된 원칙이라고는 볼 수 없다.[2]

유인도의 조건으로서 첫째, 수목이 있어야 한다는 조건의 측면에서 보면 독도 동도의 천장굴 주변에 있는 수령 100년 이상의 사철나무는 구한말 우리 어민들이 울릉도에서 가져가 직접 심었다는 이야기가 있지만, 조류의 배설물에 의해 저절로 자란 것으로 보고되고 있기도 한다. 그렇지만 최근 영남대학교 독도연구소 박선주 연구팀과 대구지방환경청의 '2010 독도 생태계 정밀조사' 결과 독도와 일본에 분포하는 사철나무가 제주도와 전남 여수에서 전파·확산된 것으로 확인되었고, 소나무 화분 등이 발견되었다. 그리고

〈사진 2〉 최종덕 부부와 해녀 문영심, 고순자

독도를 드나들었던 거문도 주민들의 경우 울릉도에서 배를 만들 때 독도의 나무를 나무못으로 만들어 배를 만들었다는 증언을 하고 있는 것으로 보아[3] 독도에는 수목이 있었고, 그것을 이용한 흔적이 뚜렷하다.

유인도의 둘째 조건으로 들고 있는 식수의 경우 독도에는 '물골'이 존재하고 있다. 후술하겠지만 한국과 일본의 자료에는 역사적으로 독도에 담수(淡水)가 존재한 것이 기록되고 있을 뿐만 아니라 현재 서도에 담수가 모이는 물골이 존재하고 있다. 독도의 최초 주민인 최종덕은 1964년부터 물골에서 생활하면서 시멘트 등을 활용하여 인공적으로 물을 가둘 수 있는 저수시설을 처음으로 만들어 안정적인 식수원을 확보하여 상주인구가 살 수 있는 조건을 스스로 마련하였다.

인간의 거주(human habitation)는 상주인구의 존재를 의미한다. 그 요건으로서 2가구 이상, 또 50명 이상의 거주를 필요로 한다는 주장이 있지만 권위 있는 학설로 자리 잡은 것은 아니다. 그 보다는 한국의 주민등록법상 최종덕이 독도 주민으로 전입이 허용되었다는 점이 2가구 이상, 또 50 명 이상의 거주 보다도 중요한 의미를 가진다고 할 수 있다.

대한민국의 국민은 주민등록법에 따라 거주지에 주민등록을 하여야만 한다. 1962년 5월10일 주민등록법이 제정되고 6월20일부터 시행되었다. 그리고 6년 뒤인 1968년, 이 법이 개정돼 사람들이 주민등록증을 소지하고 다니게 했다. 지문날인도 이 때 시작됐다. 최종덕은 1965년부터 독도에서 삶의 둥지를 틀었지만 한동안 독도에 주민등록을 옮기지 못하였다. 그는 1977년 이후 독도에 주민등록을 이전하기 위하여 많은 노력한 결과 1981년 10월 14일에 정식으로 독도 전입이 받아들여져 법적으로 독도 주민이 되었다. 그의 처와 딸 최경숙(1964년 출생, 당시 17세)도 이때 독도 주민이 되어 법적으로 1가구 3인 가족이 독도에 살게 되었다. 그 증거가 최종덕, 그의 처 조갑순, 딸 최경숙의 주민등록초본 자료들이다.(〈사진 3~5〉)

최종덕은 본인 가족이 독도에 주민등록을 옮긴 후 제주해녀들한테도 독도에 주민등록을 옮기라고 종용했음을 제주해녀 고순자의 증언을 통해 알 수 있다.

고순자 : 독도에 저 거기 주민등록을 옮기지 않으면 독도에 다

니질 못했어.

기자 : 음.

고순자 : 해녀들한테 못들어 가게 돼있었어.

기자 : 음음.

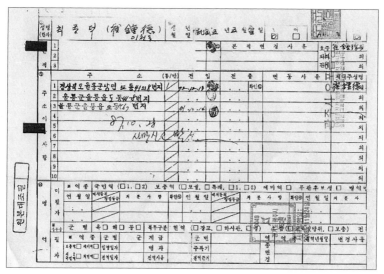

〈사진 3〉 최종덕 주민등록초본

성 명(한자)	조갑순	(趙甲順)	주민등록번호	240827-2

번호	인 적 사 항 변 경 내 역

=== 공 란 ===

"주민등록번호 정정내역 없음"

번호	주 소 (통/반)	전 입 일 / 변 동 일 변 동 사 유	세대주및관계
1	경상북도 울릉군 남면 도동 41-8 (1/)	1972-12-13 1972-12-13 전입	
2	[79.5.1 대통령령 제9407호에 의거]		
3	경상북도 울릉군 울릉읍 도동 41-8 (1/)	------ 1979-05-01 명칭변경	
4	경상북도 울릉군 울릉읍 도동 산 67	1981-10-14 1981-10-13 전입	
5	경상북도 울릉군 울릉읍 도동 산 67 (1/)	------ 1987-10-28 세대주변경	
6	[울릉군조례 제932호에 의거]		
7	경상북도 울릉군 울릉읍 도동리 산 87 (1/)	1988-05-17 명칭변경	
8	대구광역시 수성구 중동 482-3 (10/1)	1995-03-30 1995-04-03 전입	
9	경상남도마산시 북구 두호동 1077-2 (36/7)	1999-02-09 1999-02-09 전입	
10	경기도광주시울릉읍 사동리 785 (8/)	2002-03-29 2002-03-29 전입	

광주시 오포읍장

〈사진 4〉 조갑순 주민등록초본

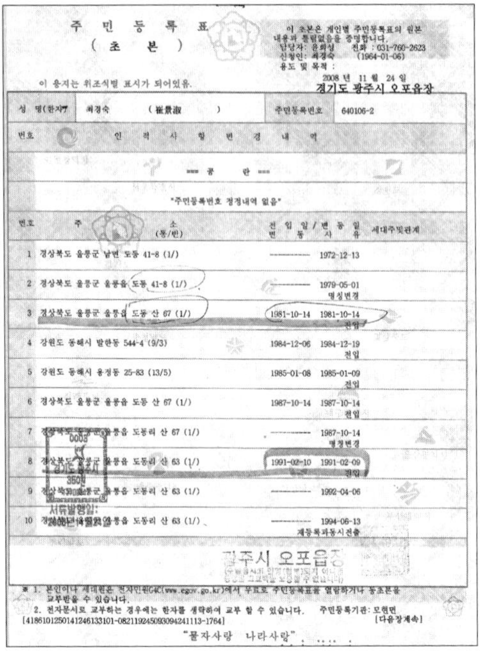

〈사진 5〉 최경숙 주민등록초본

고순자 : 그러니까 아저씨가 주민등록을 옮기세요 해가지고 옮
　　　　겨놨어.

기자 : 음. 그러면 아부지 같은 경우에는 완전 한 마…. 그거….

고순자 : 동네지.

기자 : 동네를 형성 해놓으셨네.

고순자 : 동네를 만들어 가지고 이제 아줌마 주민등록까증 다섯
　　　　호수만 되면,

기자 : 예.

고순자 : 집을 다섯 호수만 되면은 한 동네가 되니까.

　이 증언은 2008년 9월, 최경숙이 제주 해녀 고순자를 직접 찾아

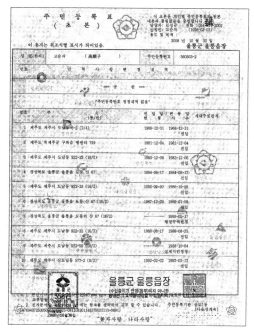

〈사진 6〉 고순자 주민등록초본

가 대화를 나누면서 녹취한 것이다. 고순자는 1973년부터 1991년 까지 독도에서 조업을 하면서 일시적이지만 1984년과 1987년 두 차례나 독도로 주민등록을 옮기기까지 했다. 그것이 고순자의 주 민등록초본에 잘 나타난다.(〈사진 6〉)

이들 자료를 통해 최종덕은 독도 마을을 만든다면 그것이 실효 적 지배의 조건이 된다는 것을 인식하고 있었다고 보아야 한다. 고 순자의 증언에 의하면 세 가구만 되면 한 마을이 된다고 하면서 주 민등록을 독도에 옮기라고 종용하였다고 한다.

1982년 4월 유엔해양법협약이 채택되기 이전인 1981년에 대한 민국 정부에서 독도에 살고 있었던 최종덕의 독도전입을 허용하 여 최종덕이 주민등록법상 독도주민이 된 것을 허용하였다. 그리고 1965년부터 최종덕은 독도에서 독자적 경제생활을 하면서 동도경비대원들의 삶을 영위하는데에도 많은 도움을 주었다. 1982년 4월 채택된 유엔해양법협약 제121조 제3항의 "인간의 거주 또는 독자적 경제생활을 지탱할 수 없는 암석은 배타적 경제수역 또는 대륙붕을 가질 수 없다(Rocks which cannot sustain human habitation or economic life of their own shall have no exclusive economic zone or continental shelf)"고 한 조항을 적용한다면 1982년 이전에 인간의 거주 또는 독자적 경세생활을 지탱할 수 있는 섬으로서의 자격요건을 독도에 부여하였다는 의미를 갖는다. 그런 점에서 최종덕으로 인해 독도는 배타적 경제수역 또는 대륙붕을 가질 수 있는 조건을 1982년 이전에 이미 구비하고 있었다. 경찰 인력이나 등대 관리원 등 정부 파견인력은 '인간의 거주' 요건에 포함되지 않는다는 주장도 있기 때문에 최종덕의 독도에서의 삶이 중요한 의미를 가질 수밖에 없다. 최종덕은 제주해녀들과 울릉도 주민들을 고용하여 독도에서 생활하였기 때문에 2가구 이상의 조건도 구비하였다고 볼수 있다.

최종덕은 독도에서 상주인구가 살 수 있는 주택을 처음으로 지었다. 그 이전에 독도에 들어갔던 사람들은 한 철 지낼 수 있는 임시 움막을 짓거나 물골에서 생활하였다. 그에 반해 최종덕은 처음 물골에 움막집을 마련하였지만 함석과 슬레트를 활용한 토담집을 짓고, 그것을 발전시켜 시멘트로 집을 짓고 창고와 건조장의 생활시설과 물골로 넘어가는 계단을 만들어 항구적인 삶의 터전을 독도에 처음 마련하였다. 그런 최종덕의 독도에서의 삶이 있었기 때문에 그 이후 지금까지 독도 주민이 지속적으로 존재할 수 있었다.

3. 최종덕 이전에 독도에 발을 디뎠던 사람들과의 비교

최종덕 이전에 독도에 발을 디뎠던 사람들의 흔적을 통해 최종덕의 독도에서의 삶과의 차이점을 여기에서 논하고자 한다.

『세종실록』지리지 삼척도호부 울진현조의 우산도, 즉 독도와 울릉도에 관한 기록에 의하면 울릉도와 독도는 날씨가 맑으면 서로 바라볼 수 있다. 그렇다면 울릉도와 독도에서 서로 바라본 사람들은 어디에서 온 사람일까?『조선왕조실록』을 살펴보면 삼척 등지의 동해안 여러 지역에서 울릉도, 삼봉도, 요도 등을 보았다는 기록이 보인다. 그들은 호기심 때문에 울릉도에 갔을 것이고, 울릉도에서 볼 수 있는 독도에까지 건너갔을 것이다. 그런 경험이『세종실록』지리지 삼척도호부 울진현조에 기록되었다고 보아야한다. 그 옛날 우산국의 사람들은 바로 한반도에서 건너간 사람들일 것이고, 그들의 영역 안에는 눈에 보이는 독도가 포함되었을 것이다. 그렇지만 그것을 증명해주는 자료는 발견되고 있지 않다.

조선 태종조 이후에 우산도, 즉 독도는 중앙정부에 알려졌고, 그로 인해『세종실록』지리지에 우산도와 울릉도가 삼척도호부 울진현의 속도로 기재됨과 동시에 "날씨가 맑으면 서로 바라볼 수 있다"고 기록될 수 있었다. 그렇지만 독도에 들어간 사람의 이름은 조선 중기까지 전하지 않는다. 조선후기에 들어오면 안용복, 박어둔 등이 울릉도에 들어갔다가 일본 어부들에 의해 일본에 납치된 사건이 일어난 것이 계기가 되어 조선과 일본에서 '울릉도쟁계(죽도일건)'가 발생하였다. 이때 조선에서 강원도는 물론 경상도의 울산, 부산, 전라도의 동남해연안민들이 울릉도와 독도에 드나들었던

23

〈표 1〉 독도 최초 주민 최종덕, 최경숙의 독도 생활 일수

연도	입도 월	출도 월	개월 수	일 수	비 고
1964	2월 초경	5월 초경	3개월	약 90일	최종덕 증언(KBS)
1965	2월 초경	6월 말	4개월	약 120일	
1965	10월 초	1966년 4월초	6개월	약 180일	
1966	10월 말	1967년 4월말	6개월	약 180일	
1967	10월 말	1967년 4월말	6개월	약 180일	
1968	10월 초	1969년 5월말	8개월	약 230일	
1969	10월 초	1970년 5월초	7개월	약 210일	
1970	10월 초	1971년 5월말	8개월	약 230일	
1971	10월 초	1972년 5월말	8개월	약 230일	
1972	10월 초	1973년 5월초	7개월	약 210일	
1973	10월 초	1974년 6월초	8개월	약 240일	
1974	10월 초	1975년 6월초	8개월	약 240일	
1975	10월 초	1976년 6월초	8개월	약 240일	
1976	10월 초	1977년 6월초	8개월	약 240일	
1977	10월 초	1978년 6월초	8개월	약 240일	
1978	9월 중순	1979년 7월초	9개월	약 270일	
1979	9월 말	1980년 7월초	9개월	약 270일	
1980	9월 말	1981년 7월초	9개월	약 270일	
1981	9월 초	1982년 7월 말	11개월	약 300일	
1982	8월 말	1983년 6월 말	10개월	약 300일	
1983	9월 초	1984년 7월 초	10개월	약 300일	
1984	9월 초	1985년 7월 초	10개월	약 300일	
1985	9월 초	1986년 7월 초	10개월	약 300일	
1986	9월 초	1987년 7월 초	10개월	약 300일	태풍
			약 191개월	(1,830) 약 5,910일	

※ 그 해 최종덕의 딸(최경숙)내외가 아들(강현)과 함께 독도 생활에 들어감.
  1987년 10월 말 ~ 1992년까지 독도에서 생활함.

<표 2> 독도 최초 주민 최종덕의 딸 최경숙의 독도 생활 일수

연도	입도 월	출도 월	개월 수	일 수	비 고
1987~1988	10월 말	1988년 5월 초	6개월	약 190일	
1988~1989	10월 말		7개월	약 210일	
1989~1990	10월 말		7개월	약 210일	
1990~1991	10월 말		8개월	약 240일	
1991~1992	11월 말		3개월	약 90일	
				850일	

것이 알려지게 되었다.

　조선시대 한국과 일본에서 독도에 들어온 사람들은 대개 봄에서 울릉도에 들어와 주로 울릉도에서 생활하면서 간간이 독도에 가서 어채활동을 하다가 가을에 고향으로 돌아갔다. 일본의 경우 독도는 불법적으로 울릉도로 가는 도중에 잠시 들러는 정박장, 어채지에 불과하였다. 1904년 전후의 독도에서 강치잡이에 나선 일본 어부들 역시 울릉도를 거점으로 하면서 약 10일 정도만 독도에서 강치잡이를 하였을 뿐이다.

　해방후 독도경비대가 독도를 지킬 시절에도 독도에 미역을 캐러온 제주해녀들도 한 두달 정도, 길어야 석달 정도만 독도에 머물렀다.

　1964년에 최종덕 역시 독도에 들어와 석달만 머물렀다. 그 이듬해 독도에 이주한 이후 1년 중 10개월을 독도에 머물렀다. 시기별 최종덕과 그의 딸 최경숙이 독도에 머문 독도 생활일수를 살펴보면 <표 1, 2>와 같다.[4]

　최종덕은 1964년의 경우 2월 초에 독도에 입도하여 5월 초까지 3개월 머물렀고, 그 이듬해에도 2월 초에서 6월 말까지 독도에 머물렀다. 이 시기는 미역철에 해당하는 시기이다. 그렇지만 최종덕은 1965년 10월 초에 독도에 입도하여 이듬 해 4월 초에 울릉도로 나왔다. 이후 1977년까지 주로 10월 초에 독도에 들어갔다. 처음에는 이듬 해인 4월에 나오다가 그 기간이 늘어나 6월 초까지 독도에서 생활하여 7~8개월 독도에서 머물렀다. 1978년부터는 9월에 독도에 들어가 7월에 나옴으로써 10~11월간 독도에 머물렀다. 이전에 독도에 머물렀던 사람과는 달리 한 겨울을 포함해 약 10개월 독도에 머물렀다는 점에서 독도에서의 삶을 영위한 최초의 인물이 있다. 연중 독도에 머물지 않았던 시기는 7~8월, 약 2개월에 불과하였다. 이 시기는 독도에 서식하는 '깔다구(독도 모기)의 극성과 수중 생태 여건, 태풍 등으로 인해 울릉도에 나와 생활하였다.[5]

1967년 현재의 어민 숙소자리에 토담을 쌓고 슬레이트와 함석을 얹어 집을 지어 덕골로 이사하면서 독도에 10개월 이상 머물 정도로 안정된 삶의 기반을 획득하였다. 독도에서의 삶이 안정되는 1970년대에 오면 덕골 산중턱에 문어 건조장의 건립, 전복 양식 배양법의 개발, 특수어망 제작, 수중 양식장 개발 등을 통해 어업에 대한 전문가, 연구자가 되어 점차 독도인으로 자리잡게 되었다.

1979년부터 정부가 독도의 실효적 지배를 위한 동도 공사를 하는 일이 많아 5월부터는 주로 독도 공사에 참여하였다. 독도의 거의 모든 공사는 최종덕에 의해 이루어졌다고 평가할 정도로 독도의 생활시설과 군사시설 마련에 최종덕의 손길과 땀이 배어 있었다.

독도인의 삶을 살아간 최종덕은 일본의 독도 망언에 대해서 더욱 관심을 갖게 되었다. 그는 한갓 어부에서 독도인으로서 자각하면서 독도수호자라는 인식을 확고하게 가지게 되었다. 최종덕은

〈사진 7〉 1987년 여름 태풍으로 붕괴된 숙소를 새로 건립하기 위해 자갈 채취를 하는 모습

독도에 사람이 살아야 한다는 일관된 생각을 갖고 있었다. 그는 확실한 독도주민으로 자리잡기 위해 오랜 노력 끝에 1981년 10월 14일, 독도의 당시 주소인 울릉군 울릉읍 도동 산 63(7)번지로 주민등록지를 옮김으로써 3인 일가족의 독도 제1호 주민이 되었다.

1987년 9월 초 다이애나 태풍이 독도에 덮쳐 그간 일구었던 삶의 근거지가 송두리째 뽑혔다. 그것을 복구하기 위해 그는 온갖 노력을 하였다. 〈사진 7〉은 태풍이 휩쓸고 간 직후의 독도 어민숙소를 짓기 위해 자갈 채취를 하는 모습이다.

최종덕은 파손된 서도의 집과 선가장 시설 복구 작업을 위해 자재를 구입하러 대구로 갔다. 그가 울릉도로 돌아오기 위해 포항 버스 터미널에 도착한 직후 갑자기 고혈압으로 인한 뇌출혈로 쓰러져 1987년 9월 23일 사망하였다.

최종덕이 사망한 후 그의 딸 최경숙은 그의 남편 조준기, 아들(강현)과 함께 독도생활을 이어갔다. 그들은 1987년 10월말에서

1992년까지 독도에서 생활하다가 육지로 나왔다. 그들은 연중 작게는 6개월, 많게는 8개월 독도에 머물렀지만 결국 독도에서의 삶을 접었다. 그 이후 최종덕으로부터 독도에서의 삶을 배웠던 김성도, 김신열 내외가 독도에서의 삶을 지속함으로써 독도주민의 역사가 이어지게 되었다.

4. 최종덕의 가족 이력

2010년 9월 16일 대구에서 발행된 제적등본에 의하면 최종덕의 아버지는 최원석과 배도숙의 아들 최인중이다. 최종덕이 자신의 여동생인 최말분(1937년생)에게 한 이야기에 의하면, 최원석은 경산에서 살았고, 술 가마, 술 밥, 술 꼬들밥에 관한 이야기를 아들인 최종덕에게 한 것으로 보아 경산에서 술도가를 했을 가능성이 많다. 그러다가 울릉도 개척 무렵에 최원석의 형제가 경산에서 울릉도로 들어간 것으로 보인다. 그 구체적 시기와 이사 동기에 대한 것은 현재 알지 못한다.

지금까지 최인중에 대해 알려진 것은 1905년 1월 11일, 울릉군 남면 도(사)동 53번지에서 태어나, 1922년 5월 15일 황재순과 혼인하였고, 1968년 대구에서 사망하였다는 사실과 초등학교 교사를 지낸 것 정도가 알려졌다. 최경숙의 고모, 즉 최종덕의 여동생인 최말분의 증언에 의하면 울릉도에 태어난 최인중은 개화를 위해, 즉 공부하러 육지에 나온 것으로 보인다. 그는 경산과 평양에서 교직생활을 하였고, 1945년 해방이 된 후 울릉도에서 교사 발령장을 받았지만 한 달 정도만 교직생활을 한 것으로 최말분은 기억하고

〈사진 8〉 최종덕과 그의 딸(최경숙), 아들(최기영)

있다.[6]

최종덕은 제적등본에 의하면 1925년 5월 1일, 울릉군 남면 사동 53번지에서 출생하였다고 기록되어 있다.[7] 그렇지만 KBS의 최종덕 특집 「영원한 독도인 최종덕」에서는 평양에서 출생하여 1930년 울릉도로 이주하였다고 하였다. 그것은 최종덕의 증언에 기초한 것이기 때문에 보다 더 신빙성이 있다. 호적 등의 기록은 당시 불철저한 기록이 많았으므로 최종덕의 진술에 근거하여 평양에서 태어났다고 보아야 한다. 그렇지만 최인중이 경산과 평양에서 교직생활할 때 가족을 울릉도에 두고 혼자 산 것으로 최종덕의 여동생이 진술하고 있는 것으로 보아 울릉도에서 출생하였을 가능성도 배제할 수 없다.

최종덕은 1944년 3월 24일, 울릉도에 살던 조갑순과 혼인하였다. 조갑순의 경우 자식을 두지 못하였지만 최종덕은 2남 3녀를 낳았다. 장녀 명숙은 1958년 1월 대구시 대봉동에서 태어났다. 차녀 선임은 1960년 4월 9일 출생하였고, 장남 경욱은 1963년, 삼녀 경숙은 1964년 1월 6일, 차남 기영은 1965년에 출생하였다.

최종덕은 주로 울릉도에서 생활하였지만 그의 자녀들과 아내는 울릉도가 아닌 대구에서 살았다. 최종덕은 가족들을 대구에 둔 채 홀로 울릉도에 살았다. 1964년 독도에서 첫 입도를 시작한 이후에 가족들이 울릉도에 다시 돌아오자 가족과 함께 울릉도에서 생활하면서 독도로 본격적 어로 활동에 나서게 되었다고 지금까지 알려지고 있다.

최종덕의 독도에서의 삶의 일부분이 알려져 있지만 독도에 들어가기 전의 생활에 대한 것은 지금까지 거의 알려져 있지 않다. 최종덕의 여동생과 최경숙의 증언에 의하면 최종덕은 독도에 입도하기 전에 울릉도에서 주로 상업활동을 하였다. 울릉도에서 살고 있었던 다른 사람처럼 오징어 장사와 약초 재배 등에 종사하였다. 그렇지만 최종덕은 보다 나은 생활의 편의를 위해 노력하였다. 현재 사동초등학교 바로 옆에 울릉도에서 최초로 물레방앗간을 만들었다. 또 울릉도의 경우 배는 안전을 위해 바다에 정박하지 않고 뭍으로 끌어올려 보관하였다. 인력으로 배를 끌어올려야만 했다. 그 불편함의 수고를 들기 위해 최종덕은 배를 끌어올리는 장치, '동끼', 즉 도르래를 발명하여 울릉도에 보급하였다. 또 밤에 오징어를 모으기 위한 전구를 오징어배에 다는 집어등을 개발하였다. 최종덕을 기억하는 사람들이 그의 머리가 비상하다거나 연구를 많이 한다는 증언을 하고 있는 것으로 보아 최종덕은 생활의 편리함을

추구하기 위한 연구를 게을리하지 않은 발명가였다. 그에 관한 일화를 소개하면 다음과 같다.

어릴 때부터 최종덕을 가까이서 봐왔다는 정태산(60대)은 그에 대해 머리가 비상하고, 기계에 대해 천부적인 재능이 있다고 증언한다.

이 분이 머리가 얼마나 좋냐하면, 지금이야 오징어를 많이 잡기 위해 집어등을 이용해서 바다 밑으로 전기를 여사로 넣지만, 그 시절에는 그게 힘들었거든. 근데 수중에 전기 넣는 걸 개발했는거야, 오징어를 더 많이 잡겠다고. 근데, 그 사람 그거 개발해서 망했거든. 왜냐하면, 밝으니까 고기가 오긴 오는데, 사람들도 해가 따뜻하면 밖에 많이 나가긴 하지만, 쉴 때는 나무 밑에서 쉬잖아요? 고기도 놀 때는 불 있는 데서 막 놀지만, 쉴 때는 그늘 밑으로 가는 거야. 그러니, 그 사람 배 밑에 배 그늘이 없잖아. 배 밑에 불을 넣었으니. 근데, 다른 배는 그늘이 진단 말이야. 고기가 와가 그늘 진 배 밑으로 다 가는거야. 남 좋은 일만 시켰지.

동도에서 서도 사이로 매년 방어떼가 확 지나가거든요. 방어떼 저거 한번에 잡으면 부자된다 이거야. 그래서 육지에 나가서 그물이란 그물은 다 사고, 주부(튜브)도 막 사오는거야. 한차 두차씩 사 가지고 와서 그걸 그물에 전부 끼워 매놓는거야. 전부 연결하고 붙여서 큰 운동장같이. 그래서 울릉도에 가서 '콤푸레셔'를 배에 싣고 와서 그걸로 팍 돌리면, 공기가 들어가면서 동도와 서도를 가로지르는 대형 그물이 한꺼번에 뜨면서 고기 다 잡는다는 논리지. 그렇게 바다 밑에 딱 깔아놓고, 고기 올 때만 기다리니깐 고기가 오거든, 그래서 양쪽에 자동으로 돌리니깐 바람이 들어가긴 들어가. 그런데 올라올 때 부력에 의해서 그물이 너무 천천히 올라오는거야. 그 사이에 고기는 다 지나가고. 그래서 또 망했지머.

오징어잡이를 위해 개발한 수중 전기기술, 방어떼를 한꺼번에 잡기 위한 대형 그물망 만들기 등에 얽힌 일화는 발명가로서의 자질이 돋보인다. 위 일화 외에도 정태산은 최종덕의 기계조작에 대한 남다른 재능을 갖고 있는 발명가로서의 자질을 기억하고 있다.

그 분이 기계를 만지면 아주 좋아져요. 배 같은 것도 빠르게 만들고. 한때는 작은 헬기 부품을 구해와서 배에다 어떻게 달고 달렸죠. 배가 완전히 팽팽 날았다니까. 한번은 독도 가다가 뭘 잘못했는지 군함이 따라왔는데, 도저히 못 따라가 군함이. 총을 쏠려니 아군인지, 적군인지 모르겠고. 군함에 붙들려 가가 죽을뻔 했다고 하더만. 그렇게 재미있는 분이었어.

울릉도에 도동항이라고 있어요. 지금은 매립되서 없는 쪽인데, 물만 약간 돌아가는 데가 있어요. 지금은 버스가 놓인데가 전부 배를 끌어올리는 데고, 전부 항구였어요. 작은 어항이었는데, 하루는 이 사람(최종덕)이 독도에 있다가 나오니깐, 옛날 어업조합에 공고가 떴는데, 이 밑에 포구를 중수를 해주면, 중수비가 얼만데, 며칠 내로 중수 해주면 주겠다고 되어 있거든. 당시 입찰을 하니까 자꾸 유찰이라. 그래 안 됐어. 근데, 이 양반이 나와서 보니깐 아무것도 아니거든. 그래 조합장을 만나서 치워 줄테니 돈 줄래? 이러니까 돈 줄테니 사무실 가자해서 가니 공사면허증 가져오라, 뭐뭐 가져오라 그랬는거라. 그래서 "내가 뱃놈인데, 뭐 이런 저런 거 해 오라 하냐"하고 안 간거야.

근데, 또 유찰이 돼서 안 되니까 다시 그 분(최종덕)을 불렀거든. 그래서 이거 며칠 만에 하면 되냐니까 조합에서는 "10일 만에 다 해라" 그런거라. 근데 그분이 "하루나 이틀 만에 다 하면 돈 안 주나?" 이런거야. 하하. 그래서 한 시간만에 해도 돈 준다 이거야. 그래 이 양반이 만 하루 만에 나 했버렸어. 날짜는 이틀 했는데. 참 재미있게 했어요. 그때는 울릉도에 콤푸레셔가 없었어. 근데 육지에 가서 콤푸레셔를 가져와서 해녀가 물밑에 들어가 콤푸레셔를 끌고, 물하고 모래하고 배 위에 다 끌어 올린거야, 배 위에. 그러니까 물은 넘고 모래만 자꾸 남잖아. 그래서 하루만에 다 파버렸지.

그 뒤에 사동에 가서 그때는 허가라는 게 없어. 골재 채취가. 아주 옛날이다보니. 모래가 필요하다 했는데, 육지 모래는 배가 없어서 가져오지도 못했어. 그래서 물 속에 들어가가 콤푸레샤로 모래를 무진장 빨아 당겨서 1년 내내 팔아먹었어. 하하.

이상의 일화는 최종덕의 뛰어난 발명가로서의 재능을 알 수 있는 재미있는 이야기로서, 『독도를 지켜온 사람들』(경상북도, 2009.8, 201~202쪽)에 실린 일화이다. 그의 발명가로서의 재능은 독도에서 더욱 발휘되었다. 그가 독도에 입도하여 온전한 독도인으로서 정착할 수 있었던 것은 이와 같은 번득이는 아이디어를 통한 발명가의 기질이 있었기 때문에 가능한 것이었다.

5. 독도에서의 생활터전 확보를 위한 노력

1) 독도에 삶의 둥지를 틀게 된 시기와 입도 배경

(1) 독도에 처음 입도한 시기

최종덕이 독도에 처음 입도한 시기는 1964년 무렵으로 알려지고 있다. 1983년 MBC 방송국 제작의 프로그램에서 최종덕은 독도에 언제부터 살았는가에 대한 질문의 답변에서 "한 19년 돼요"라고 한 것을 역산하면 1964년에 독도에 들어간 것이 된다. 그리고 최경숙의 경우 아버지로부터 평상시 "내가 니 태어나던 해에 독도에 들어갔다"는 이야기를 들었다고 한 것으로 보아 최경숙이 태어난 시기가 1964년이므로 독도에 들어간 시기는 1964년 무렵으로 볼 수 있다. 그렇지만 위 기록과 다른 기록도 보인다.

전 독도기념사업회장 최은경은 "1950년대 이후 독도는 미군의 폭격기 훈련장으로 사용되고 있었다. 간혹 인근에서 해산물 채취를 하던 울릉도 주민이 폭격에 맞아 죽기도 했다. 1962년 어느 날 이를 바라보던 최종덕 어부는 독도야말로 사람이 들어가 살아야 되겠다. 저렇게 폭격을 한다면 그나마 저 섬은 없어지겠다고 생각하게 됐다. 그래서 독도에 들어가서 마을을 일굴 결심을 하기에 이른다"고 하였다.[8] 그렇지만 미군의 독도 폭격사건은 1948년 6월과 1952년 9월에 이루어졌다. 그 사건으로 인해 1953년 2월 미 공군의 지정 작전구역에서 독도가 제외되었기 때문에 위 증언은 잘못된 것이다. 1962년의 경우 1961년의 5·16 군사혁명이 일어난 이듬해에 해당하는 시기이다. 1962년 7월 13일, 일본은 독도 영유권 문제에 관한 제4회 견해를 송부해왔고, 9월 3일 한일회담 제6차 회담 예비교섭에서 일본 외무성 이세키 유지로(伊關祐二郎) 아시아 국장이 "독도를 폭파해서 없애면 문제가 없어질 것이다"라거나 "국제사법재판소에 제소할 것을 결정하고 싶다" 등의 발언을 하였다. 이것이 일반에게 제대로 알려지지 않은 상황에서 한일회담에서의 독도 문제 때문에 최종덕이 독도를 지키게 되었다는 생각을 하였다고 보기도 어렵다.

최종덕의 딸인 최경숙의 경우 "아버지는 독도와 처음으로 인연을 맺은 1962년 4월 이후 점차 달려졌다. 처음에는 독도의 해산물이 풍부해 더 많은 수확을 기대하며 험난한 파도에도 불구하고 독도를 드나드셨지만, 일본이 주기적으로 독도 영유권 문제를 제기하고 망언을 일삼자 독도의 중요성을 인식해 사명감을 갖기 시작했다. 그 시절에는 동도에 순경 몇 명이 경계 근무를 서고 있었을 뿐이다. 독도가 우리 땅이라고 하기에는 빈약한 형편이었다."라고 한 증언에서도 1962년 4월에 독도와 첫 인연을 맺게 되었다고 하지만 이것을 "애향심과 애국심, 곧 독도사랑과 영토수호 의식이 그를 동해의 절해고도로 발걸음을 옮기도록 만든 것이다"[9]라는 평가는 지나친 면이 있다.

2012년 2월 최경숙이 고모 최말분과의 전화통화 때 고모는 최종덕이 1959년부터 독도에 한 번씩 왔다 갔다고 증언하였다. 그때 독도에 들어간 것은 최경숙의 외삼촌인 조홍수가 독도경비대에 근무하고 있었기 때문이라고 한다. 1959년 무렵에는 최종덕이 독도에서 생활할 때 몰던 덕진호보다 작은 배로 독도에 드나들다가 덕진호를 산 것으로 여동생은 기억하고 있다. 최종덕은 울릉도에서 천궁, 박하 등의 약초밭과 오징어 장사도 하면서 독도에 드나들었다. 그러다가 독도의 해산물이 풍부해 더 많은 수확을 기대하여 1964년부터 독도에 살 결심을 하면서 독도어업채취권 획득을 위한 노력을 하였기 때문에 1964년부터 독도에 본격적으로 입도를 하였다고 보아야 할 것이다.

KBS 방송국에서 제작한 '영원한 독도인 최종덕' 프로그램의 정태산 증언에 의하면 "그 분이 독도에 평상시에 관심을 가졌다"고 한 것, 그리고 "저 섬에 사람이 살아야 증인이 된다"고 한 이야기는 아마 독도를 드나들면서 일본이 독도 영유권 문제를 제기하고 망언을 일삼자 독도의 중요성을 인식해 사명감을 가지면서 독도에 들어가 살겠다는 생각을 굳히는데 일조하였다고 보아야 할 것이다. 정태산에게 내가 독도에 가 살테니 자네도 한번 독도에 오라고 하였다고 한 것은 아마도 1964년 무렵일 것이다.

정태산의 증언처럼 독도에 사람이 산다면 일본의 독도영유권 주장을 불식시킬 수 있다는 생각에서 독도 입도를 하게 된 측면도 있겠지만 1959년부터 독도에 드나들면서 최종덕은 독도에서 진주 양식을 하면 좋겠다는 생각을 갖게 되어 독도에 들어가게 되었다고 보는 것이 설득력이 있을 것이다. 흔히들 최종덕이 전복 양식, 진주 양식을 1980년 초에 하려고 했다고 한다. 그러나 그의 여동생의 증언에 의하면 1960년대에 이미 그런 생각을 하였고, 그 생각을 구체적으로 실천한 것이 1980년대라고 보아야 할 것이다. 그 이전에 독도에 드나들었던 사람들, 그리고 최종덕 역시 처음에는 주로 미역 채취에 목적을 두고 독도에 드나들었다. 최종덕은 독도를 드나들면서 독도에서 전복, 진주 양식이 가능하겠다는 생각에서 1964년에 독도어장 채취권을 얻으려고 생각을 굳혔고, 그 이듬해 독도

어장 채취권을 얻자 본격적으로 독도에 주거하게 되었다고 보아야 한다.

최경숙은 그의 아버지의 독도 입도에 대해 다음과 같이 말하고 있다.

근데 뭐 아부지께서 독도 입도하게 된 계기는 아 모르겠어요. 울릉도보다 좀 더 나은 이게 바다 채취, 해산물 채취를 위해서 간 게 아닐까 생각이 드는데 그때만 하더라도 뭐 크게 국가적으로 그 걸 생각을 했다거나 생각은 안해요. 하지만 살다보니깐 그기에 대 한 독도에 대한 애착이 남들보다 강했었고, 독도가 어떤 중요성을 알았기 때문에 아부지께서 그 모든 사비를 털어가 그 쪽에 무한한 가능성을 보였기 때문에 한평생을 거기서 바치고 그걸로 인해가 돌아가시지 않았을까. 그렇게 생각이 듭니다. 저는 아버지가 항상 말하시는 말씀이 제가 그랬어요 왜 여기에 계시냐고 독도에 왜 계 시냐고 물을 때 아버지는 그러시더라고요. 지금은 너희들 보는 눈 에 아무것도 아인거 같이 보이지만 훗날 내가 여기에서 터를 잡고 살고 내가 주민으로 살았던게 얼마나 국가적으로 큰 가치가 있는 지 내가 죽고난 뒤엔 알거다. 그럴실 때 난 그때도 진짜 코웃음 밖 에 안나오더라고요. 이만한 아버지 능력이고, 이만한 그거면은 울 릉도에서 진짜 크게 부자소리 들으면서 진짜 등따시게 살텐데 왜 구태여 독도까지 와서 이 고생을 하는지, 그리고 왜 내까지 뎄고와 서 이 고생을 하게 하는지, 나는 그때 어린 생각으로 무조건 독도 탈출할 생각밖에 안났었어요. 그래가 나는 무조건 육지나온다는 생각만 하고 살았는데 아버지는 그게 아니더라고요. 울릉도에 가서 한 한 달정도 있으면 아이구 독도에 들어가야지. 내가 독도 들어가야 편하지. 여기서는 진짜 힘들다. 그 정도였어요.

최경숙의 말처럼 당초 최종덕이 독도를 수호하겠다는 의지를 갖고 독도에 들어갔다고는 보기 어렵다. 그렇지만 독도에 정착하게 되면서 독도주민으로서의 삶을 자각하게 됨에 따라 훗날 그 자신의 삶이 독도들 지키는데 크게 기여하리라는 생각을 갖고 사명감을 갖게 되었다고 보아야 할 것이다.

최종덕의 KBS 증언에 의하면 1964년 2월 초경에 독도에 들어가 5월 초경에 나왔다고 하였다. 이때 그가 독도에서 약 90일간 머물 수 있었던 것은 독도 어장채취권을 획득한 사람의 일행의 일원으로 참가하여 독도에 머물렀기 때문일 것이다. 그때의 생활은 서도의 물골에서 거주하는 형태로 진행되었을 것이다. 이때 물골에서 생활하면서 충분히 정주할 수 있겠다는 가능성을 확인하고, 독도 어장채취권을 획득한다면 독도에서의 정주생활이 가능하다고 판단하였기 때문에 이듬해 독도어장채취권을 확보하여 독도에서 정주하리라고 생각을 굳혔을 것이다. 그런 생각을 가진 최종덕은 각종 인터뷰에서 1964년 물골을 발견하였다고 하였을 것이다.

2) 독도어장 채취권 획득

최종덕의 1964년 독도입도는 독도 물골에서 잠정 거주형태로 이루어졌지만[10], 이때 그는 물골에서 90일간 거주하면서 물골이 사람이 거주할 수 있는 충분한 수량을 갖고 있다고 판단하였고, 물골에서도 주거가 가능하리라는 생각에서 독도 이주를 결심하였다.

그는 독도에서 생활하기 위한 방편으로 독도어장 채취권을 확보하는데 노력을 기울였을 것이다. 최종덕은 1965년 3월 울릉군 수협 도동어촌계로부터 독도 공동어장 채취권을 획득하자 곧바로 독도에서 삶의 둥지를 틀기 시작하였다.

(1) 독도어장의 조업활동 관행

울릉도 및 동해안 어민들이 독도를 중심으로 조업하는 구역은 크게 독도 마을어장에서 이루어지는 어업구역과 근해, 그리고 대화퇴어장으로 구분된다. 전통적으로 어촌 주민들은 마을어장에 대해 마을어업권을 행사하는 주체들이었다. 그들은 이 권리를 배타적 물권으로 간주하였다. 1962년 수산업협동조합법이 제정되면서 어촌계가 마을어장을 관리 운영하게 되었다. 울릉도 어민들에게 있어서 독도는 윗대 조상들이 노를 젓는 배(傳馬船)로 조업을 하였던 주요 어로구역이었지만 어촌계가 마을어장을 관리 운영하게 되면서 도동어촌계의 어장구역의 하나가 되었다. 면허어업에 속하기 때문에 독도 어장에 대한 어업권 행사를 위한 행정적 절차를 거쳐서 신고가 완료되어야 법적인 권한을 부여받을 수 있다.

도동어촌계에서 마을어장관리법에 의해 관리하는 독도는 마을어업과 협동양식어업이 이루어지는 구역으로 나뉘어져 있다. 독도가 마을어장으로 인가된 과정을 보면 1965년 2월, 경상북도에서 경북면허 830호로 독도 단독 마을어장으로 인가하였다. 어업권자는 울릉군 수산업 협동조합이었다. 그렇지만 독도어장은 1957년부터 울릉군 도동어촌계 관할이었다. 그것이 1965년에 추인된 것으로 보면 된다. 1957년 이후 독도 공동어장은 입찰을 통해 일년 단

위로 개인에게 어업채취권이 부여되었다. 도동어촌계의 내부자료에 "이전 독도 입도자는 행사료 지불 후 입어했다"고 한 기록이 보이는데, '행사료'는 일종의 입찰금 개념으로 이해할 수 있다. 당시 독도 어업채취권은 해마다 다른 사람이 취득하였다.[11] 따라서 이때 독도에 들어가 어업활동을 한 사람들은 굳이 독도에 정주공간을 마련하거나 편의시설을 갖추려는 노력을 보이지 않았다. 1957년 이후의 독도 어업 채취권이 어떻게 획득되었는가를 독도의용수비대원인 정원도의 증언[12]을 통해 살펴보기로 한다.

독도에서의 미역 조업활동

문 : 그럼 독도에 작업은 언제 하셨습니까?

답 : 그거는 54년? 56년? 57년도 쯤 될거야.

문 : 그럼 몇월달에 들어가셨나요?

답 : 3월초에 들어가서 7월 달에 나오지. 미역이 초벌 있고, 두벌, 세벌 있는데 약 3개월이 걸려요. 우리가 들어갈 적에는 해녀 28~30명 정도. 우리가 물골에 가면 나무를 걸치고 그 위에다가 그 밑에 사람이. 참고 사항으로 물골 안에 거기서 살았어.

문 : 그럼 어르신 외에 다른 분들은?

답 : 다른 분들도 많이 했죠. 독도해서 미역도 하고, 그 전에 우리가 할 적에는 수협에서 입찰 해가지고 사가지고 해서 들어갔고, 그 전에는 자유대로 했지. 어장을 할 적에는 누구든지 가서 그랬어.

문 : 수협 입찰 넘어간 거는 언제쯤인지?

답 : 56년도인가? 57년도인가? 그 쯤 되지 싶어요.

문 : 그럼 수입이 괜찮았습니까?

답 : 옛날에는 미역이 비싸서 괜찮았죠. 그 때 돈을 그게 한 70
만 원 80만 원. 요새 7,000만 원쯤 될끼야.

문 : 그럼, 수협 입찰비는 어느 정도 되나요?

답 : 얼마인지 모르겠지만, 입찰비가 몇 백 만원 갔을거야. 전체
300~400만 원 줘가지고 그랬을거야. 낙찰뇌는 사람만이
어장권을 획득하지.

문 : 그러면 한 팀 밖에 못 들어가는 겁니까?

답 : 한 팀 밖에 못 들어가지

문 : 그럼 그 해에만?

답 : 그 해에만. 알뜰히 해가지고 나오면 7월달에 돼서 나오지.

문 : 그럼 해녀 분들은 3월달에 들어가서 7월달까지 쭉 계신 거
에요?

답 : 쭉 했는데 얼마만큼 하면 따라가. 그게 그래가 했기 때문에
진공자하고.

문 : 신문에 나오신 그?

답 : 그래. 그 아가씨가 21인가 그랬다더라.

문 : 그럼 사진 자료 같은 건 있어요?

답 : 없어요. 그 당시 카메라 구하는 게 힘들었어요. 순칠이가
같이 안 찍으면 일도 없어요.

문 : 해녀 조업하실 때 물골에서 거주 하시고, 조업하시는 곳은
어디인가요?

답 : 주변에서 뺑 돌아가면 가에 가면 바위에 다 있어요. 가재바

위도 있고, 산만디, 등만디 주변에 다 있어요. 동도에 바닷가 미역이 진짜 형편없이 많았어요.

문 : 물골 안에서 거주하시는 28명 정도 된다는데 다 거주하실 수 있어요?

답 : 다 했죠. 같이 생활해요. 반 나눠 가지고. 하하.

문 : 해녀분은 몇 분정도?

답 : 해녀분은 30명 정도 되고, 우리 하고 합쳐서 40명 정도 됐어요.

문 : 저희 가보니까 그 정도는 못 살겠던데….

답 : 씻기가 여사 일이 아니에요. 여름철은 덜한데 비가 많이 오면 여사 일이 아니에요. 씻는 거는 물이 계속 나오니까 하고, 최소만 하고. 세수나 하고 그렇죠. 목욕하고 그런 거는 못해요.

문 : 불 피우는 거는?

답 : 나무를 가져가죠. 싣고 가야 되요.

문 : 3월부터 7월이면 태풍 같은 것도 있을건데… 물골에 있으면 안전하신가요?

답 : 뭐…. 당하지는 않았어요. 지금도 물골이 있으니까 쓸데없이 막아놨어요. 그런 머리가 안돌아가니. 홍순칠씨가 연구해서 물탱크 만들었다고 하는데 도에 가서 보조 그거 받아서 도에서 공사를 했는데 어민들 그거 했는데 그게 그냥 놔두면 좋은데…

문 : 그럼 그 해녀분하고 활동하신 게 언제까지 하신 거에요?

답 : 우리는 한 번하고 그 이후에 들락날락은 했어요. 다른 사람

이 하고, 그때는 우리가 돈 벌었다는 것은 우리뿐이지, 다른 사람은 돈도 못 벌었어요. 우리는 당시에 경비도 했기 때문에 경험이 있었어요. 미역을 널어놨다가 파도에 날라간다든가 그런 게 없었어요.

문 : 미역 너는 데는?

답 : 바위 위예요. 틈이 있으면 널고 그랬죠. 물골에 가면 앞에 자잔한 돌밭이 있는데 거기도 붙이고, 독도 어디 어디 다 댕기면서 그랬어요. 파도가 심하다면 올리고 그랬어요. 조직적으로 잘했어요. 우리가 돈 벌었어요. 72만 원씩 벌었으니까.

위 독도의용수비대원이었던 정원도의 증언에 의하면 1956년까지 독도에서의 어업채취권은 확립되지 않았기 때문에 자유로이 입도하여 어업을 할 수 있었다. 그러다가 1957년 도동어촌계에서 독도어업채취권을 입찰하게 되자 입찰권을 딴 사람이 독점적 어로권을 갖게 되었다.

울릉도 미역철은 4~5월 경, 이 시기를 놓쳐버리면 상승하는 수온 영향으로 미역이 녹아버리기 때문에 채취를 할 수 없다. 정원도의 증언에 의하면 독도의 미역 채취는 3~7월에 이루어졌다. 최종덕의 KBS 증언에 의하면 1964년 2월 초경에 독도에 들어가 5월 초경에 나왔다고 하였고, 이듬해 역시 2월 초경에 입도하여 6월 말에 나왔다고 증언하고 있다. 이 시기를 음력으로 본다면 3월~7월 사이에 독도에서 미역 채취가 이루어졌다고 볼 수 있다. 이 시기를 음력으로 보는 이유는 1965년 2월 초에서 6월말까지 독도에 있은 것으로 기록되지만[13] 1965년 3월에 독도 어업 채취권을 도동어촌계로부터 얻었다. 그가 이때 독도에 있었다면 불가능하기 때문에 이때의 독도 어업일자의 경우 음력이었다고 생각되기 때문이다.

　도동어촌계의 자료에 의하면 독도어장이 어떻게 운영되었는가를 알 수 있고, 최종덕이 언제부터 독도어업채취권을 갖게 되었는가를 알 수 있다.

독도어장 운영관련 자료

〈독도 어장〉

• 어업권 : 경북면허 128호

　　　　　(도동어촌계 공동어장 185.4ha 중 140ha 차지)

• 어업권자 : 울릉군 수협 도동어촌계

〈공동어장 운영〉

※ 종전 입어자 : 행사료 지불 후 입어

- 1965년 3월~1987년 9월 : 최종덕

- 1987년 3월~1991년 10월 : 조준기(최종덕의 사위)

- 연간 입어료 : 2백만 원(연간 생산량 : 25톤, 30백만 원)

- 조업어선 : 독도사랑호, 2.49톤(종전 : 덕진호 1.99톤)

* 독도사랑호는 1991년 건조하였으며, 소유자는 서유석

- 1991년 11월 1일 이후 : 도동어촌계 직영

- 연간 생산 : 7 M/T 60,795천 원

- 조업 어선 : 명성호 208톤

1965년 3월~1987년 9월 사이에 도동어촌계로부터 최종덕은 독도어장권을 갖게 되었다. 그 이후 1986년 10월에 5년간 재계약을 하였다. 1987년 최종덕이 갑작스럽게 죽게 된 이후, 그의 처 조갑순이 대신 운영권을 갖게 되었다. 독도에 살던 최경숙이 실제 운영하였나. 1991년 11월 도동어촌계는 재계약 당시 바다세를 150% 이상을 요구하였다. 그 마찰로 인해 도동어촌계가 독도어장권을 직영으로 관리하게 되었다.

최종덕은 독도에서의 해초 및 채취권을 얻어 22년 동안 미역, 전복, 소라 등을 채취하면서, 양식사업을 하기 위해 서도의 해안에 3채의 집을 짓고 생활할 수 있었던 것은 울릉군 수협 도동 어촌계로부터 공동어장 채취권을 부여받았기 때문에 가능한 것이었다고들 흔히 말한다. 그렇지만 최종덕은 1964년에 물골에서 3개월 생활하면서 독도에 주거공간을 마련한다면 항구적인 삶이 가능하리라고 판단하였고, 그것을 위해 독도어장채취권을 얻어야겠다고 생각하였다고 보아야 한다. 이듬 해인 1965년 2월에 물골에 들어가 살면서 움막을 만들고, 여러 곳을 답사한 결과 덕골 쪽이 주거공간으로 적합하다고 생각하여 집을 지을 준비를 하였다.

독도어업채취권을 획득한 최종덕은 5년 마다 도동어촌계에 바다세를 납부하였다. 1959년 8월에 일본은 시마네현 독도 인광채굴권에 대한 광구세를 자국 국민에게 부과하자 인광채굴권자가 시마네현을 상대로 국가가 독도에 대한 통치권을 완전히 회복할 때까지 광구세 납부의무가 없다는 것에 대하여 소송을 제기하였다.

1961년 11월에 동경지방재판소는 광구 소재지역에 대한 통치권
이 상실된 경우가 아니라 그 행사가 사실상 불가능하므로 광구세
의 부과징수권은 상실되지 않는다고 판결하였다. 이 인광채굴권의
경우 실체가 없는 것이다, 그에 반해 울릉도의 도동어촌계에서는
독도 어장에 대한 어장 채취권을 실질적으로 행사하였고, 최종덕
은 도동어촌계로부터 바다세를 내고 독도에서 살면서 실질적으로
조업을 하였기 때문에 실체가 없는 일본의 인광채굴권과는 비교가
되지 않는다. 최종덕은 독도주민으로서 세금도 꼬박꼬박 내었다.

3) 물골의 정비와 거주시설 조성

(1) 최종덕의 물골 정비

섬에서 사람이 생존하기 위한 조건 가운데 제일 중요한 것이 해
수(海水)가 아닌 담수(淡水)이다. 독도에는 물이 나온다. 그렇기 때문
에 독도의 물에 대한 관심은 일찍부터 있었다.

1901년 일본에서 발행된 『지학잡지(地學雜誌)』 '잡보(雜報)'란에
"지상에서 몇 척 정도를 파내려가 보아도 물을 얻을 수 없어서 지
금으로서는 수산물 제조장으로서의 가치는 부족하지만 학자와 실
업가가 탐험할 여지가 충분히 있다"고 한 기록을 통해 물이 없어
수산물 제조장으로 부적절하다고 판단하였음을 알 수 있다. 『한해
통어지침(韓海通漁指針)』의 기록에서도

울릉도로부터 동남쪽 약 30리, 우리 오키 국(國) 서북으로 거의
같은 거리의 바다에 무인도가 하나 있다. 날씨가 맑으면 산봉우리
의 높은 곳에서 바라볼 수 있다. 한국인과 우리나라 어부들은 이를

양코도라고 부르며 길이는 거의 십여 정이며 해안의 굴곡이 아주 많아 어선을 정박하고 풍랑을 피하는 데 좋다. 그러나 땔감이나 음료수를 구하기가 아주 어려워 땅에서 수 척 아래를 파도 쉽게 물을 얻을 수가 없다고 한다. 이 섬에는 해마가 많이 서식하고 있고 근해에는 전복, 해삼, 우뭇가사리 등이 풍부하다. 수년 전 야마구치현의 잠수기선이 희망을 품고 출어한 자가 있었으나 잠수를 할 때 무수한 해마 무리의 방해를 받았고, 음료수의 결핍 때문에 충분한 작업을 하지 못한 채 되돌아왔다고 한다. 생각하건대 당시의 계절은 마침 5~6월로 해마의 출산기에 해당하기 때문에 특히 그 방해를 받았던 것이 아닐까.[15]

여기에서도 독도에서 담수의 부족을 지적하고 있다. 그런데 이 자료는 부정확하다. 한국인과 일본인이 양코도라고 부른다고 하였지만, 한국인들은 독도라고 하거나 우산도라고 하였지 양코도라고 부르지 않았다. 그리고 독도의 경우 어선을 정박하거나 풍랑을 피하기도 어려운 곳이다.

그와는 달리 일본 해군의 망루 설치를 위해 독도를 예비 탐색 조사한 신고호(新高號)의 1904년 9월 25일의 항해일지에 의하면 "송도(松島=울릉도)로부터 도항(渡航)하여 해마(海馬) 사냥에 종사하는 자는 60~70석 적재량의 화선(和船)을 사용한다. 섬 위에 납옥(納屋)을 만들어 매번 약 10일간 체재하는데 다량의 수입이 있다고 한다. 그런데 그 인원도 때로 40~50명을 초과할 경우도 있으나 담수(淡水)의 부족은 말해지지 않는다."는 기록과 함께

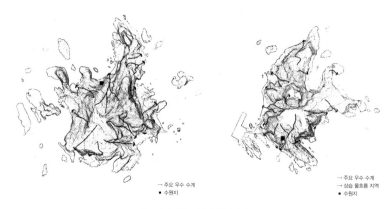

→ 주요 우수 수계
● 수원지

→ 주요 우수 수계
→ 상습 물흐름 지역
● 수원지

〈그림 1〉 독도의 수문 분석도

담수(淡水)는 동도의 바다가 오목하게 들어간 곳에서 얻을 수
있다. 또 동도의 남쪽 수면으로부터 3간여에 용천(湧川)이 있어 사
방으로 침출하는데 그 양이 상당히 많아 연중 고갈되는 일이 없다.
서도의 사방에서 역시 청수(淸水)가 있다.[16]

서도 '물골' 외에도 동도에서도 담수를 얻을 수 있다고 하였다.
이 조사는 2004년『독도의 천연보호구역 학술조사』(경주대 울릉학연
구소, 2004) 때의 조사(〈그림 1〉)에서도 그 가능성을 확인할 수 있다.
아마도 해방 이후 미군의 폭격에 의해 물골을 제외한 수문은 파괴
되어 버렸을 가능성이 많다.

2004년『독도의 천연보호구역 학술조사』(경주대 울릉학연구소,
2004) 때의 조사(〈그림 1〉)에서 수문이 몇 곳 보이지만 현재 독도에
서 유일한 식수원은 물골이다. 이 물골은 독도에 어로활동을 한 사
람들에게 익히 알려진 것이다. 해방 후 독도의용수비대가 첫 주둔
지로 삼았던 곳도 이곳이고, 1955년부터 상주경비를 시작한 독도

경비대도 물골의 물을 식수원으로 하였다. 1957년 12월, 고 김영열 (당시 33세) 순경(경사로 추서)이 서도의 '물골'에서 식수를 길어오던 중 추락해 치료를 받다 숨진 사건 역시 유일한 식수원인 물골에서 물을 길러오다가 일어난 참변이다. 그것을 감안하면 1962년에서 1963년까지의 최종덕의 독도 어로활동이란 물골에 거주하면서 장기간 머무는 것이 아니라 독도 주변 해역에 와서 일시적으로 미역 채취나 고기를 잡는 형태였을 것이다. 최종덕은 1964년에 독도에 2월 초 입도하여 5월 초까지 약 90일간 독도에 머물렀다. 이때 '물골'을 발견하였다고 하지만 위 정원도의 언급처럼 그 이전부터 물골은 독도에 드나들었던 사람들에게 익히 알려진 바였다. 아마 최종덕은 이 해에 독도에 90일간 머물면서 '물골'의 존재에 대한 인식을 새롭게 하였기 때문에 물골을 발견하였다고 표현하였을 뿐이다.

1964년 물골의 존재를 인식한 최종덕은 독도에서 삶의 둥지를 틀 생각을 하였고, 당연히 물골을 무대로 독도의 생활을 시작하게 되었다. 1977년 10월 25일의 『조선일보』의 기사에서 최종덕은 "10여 년 전부터 독도에 나와 고기잡이를 해왔는데 식수가 없어서 정착을 못했다"면서 "최근 서도 서쪽 기슭에 샘을 발견, 이사할 결심을 하게 됐다"고 한 증언은 그것을 압축해 설명한 말에 불과하다.

최종덕은 독도 입도 후 제일 먼저 물골의 샘물을 정비하는 일에 몰두하였다. 이것이 갖는 의미는 최종덕 이전의 독도 물골의 이용은 자연 상태 그대로의 물골 이용이었다. 최종덕의 물골 정비는 독도 물골을 식수로서 안정적으로 이용하기 위한 인공적인 노력을 가하였다. 그것은 삶의 공간으로서 독도를 이용하고자 하는 투쟁의 산물 결과이다. 『조선일보』의 1977년 10월 25일의 "최근 서도

〈사진 9〉 1970년대 물골의 모습

서쪽 기슭에 샘을 발견, 이사를 결심하게 됐다"고 한 증언은 1964년의 물골 발견, 이듬해의 이주 사실을 '최근'이라는 단어에 압축해 표현한 것뿐이다.

〈사진 10〉 물골의 모습

독도에서의 생활, 그것은 물의 확보가 없이는 불가능하다. 독도 입도 후 최종덕은 우선적으로 독도의 생명수인 물골 정비에 힘을 쏟을 수밖에 없었다. 흘러내리는 물을 시멘트로 발라 샘을 만들어 안정된 식수를 확보함으로써 장기 거주의 발판을 마련하였다. 그것은 또 독도 어

〈사진 11〉 최종덕이 직접 공사한 물골(1982)

업 채취권의 확보가 있었기 때문에 물골의 정비가 이루어질 수 있었다고 보아야 한다.

〈사진 9〉는 1970년대 독도의 유일한 생명수인 물골을 찍은 사진이다. 독도 물골에 시멘트를 사용하여 물 흘러내리는 것을 가두는 작업을 하여 샘을 만들어 안정적 취수원을 확보한 것은 최종덕에 의해 처음 이루어진 것이다. 그러한 최종덕에 의해 이루어진 인공의 물골 사진이 〈사진 10〉이다.

왜 최종덕은 물골을 정비하였을까? 절해고도인 독도에 비바람을 피하고 식수를 얻을 수 있는 유일한 곳이 바로 물골이기 때문이다. 물골이 있는 서도 북사면 해변은 활처럼 휜 작은 만(灣)을 이루고 있기 때문에 샘이 있는 물골을 끼고 생활할 수밖에 없었다.

물골은 물골 상류의 조면암산에 내린 강수가 토양층의 두께가 비교적 두꺼운 계곡과 조면안산암에 발달한 절리를 따라서 하류

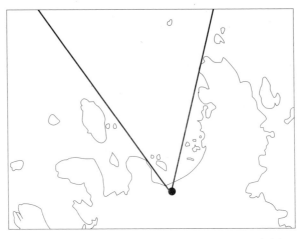

〈그림 2〉 물골에서 관측이 가능한 지역은 북쪽 일부에 불과하다

로 이동하다가 라필리응회암에 도달하여 더 이상 하류로 이동하지 못하고 라필응회암과 조면인산암의 경계를 따라 물골의 동굴 열린 공간으로 이동하여 모인 것이다.[17] 물골의 경우 하루 약 400L 정도, 혹은 1,000L 취수된다거나 하는 기록이 있지만 장기간에 걸쳐 그 수량을 측정한 데이트의 결과는 아니다. 그렇지만 독도에서 식수를 거기에서만 취수할 수 있는 상황에서 거주할 수 있는 최적지였을 것이다. 독도의용수비대의 경우도 독도를 지키기 위해 처음 그곳에서 주둔하였다. 독도의용수비대가 동도로 옮기게 된 이유는 물골이 해안가에 있어서 파도를 피할 수 없다는 이유 때문이기도 하지만 김점구가 그린 〈그림 2〉에서 보다시피 물골의 경우 북쪽 일부로 시야가 제한되어 일본 어선과 해상보안청 순시선을 관측하는 데 어려움이 많았기 때문이다.

일본으로부터 독도를 경비하기 위해 조직된 독도의용수비대의 입장에서 볼 때 조망권이 제한적인 물골에서의 거주는 불가능하였다. 그 이유 때문에 물골에서 수 일을 지낸 독도의용수비대는 조망이 확 트인 동도 정상으로 주둔지를 옮길 수밖에 없었다. 그렇지만 식수만큼은 물골에 의존할 수밖에 없었다.

독도의용수비대나 독도경비대의 입장과는 달리 당시 미역 채취 등을 위해 독도에 들어간 사람들과, 그에 의해 고용된 해녀들은 일시적으로 들어가 생활하였기 때문에 물골에 거주하였다. 당시 독도는 먹을 물도 귀했고, 잘 공간도 없었다. 갖추어진 시설이라고는 찾아볼 수 없었고, 변덕스러운 날씨로 인해 육지로부터 물품 조달이 편한 것도 아니었다. 그런 상황에서 식수와 동굴로 이루어진 자연조건을 갖춘 물골이 생활하기에 최적의 장소였다. 독도의용수비대의 일원이었던 정원도의 경우 앞의 인터뷰에서 말한 것처럼 도동어촌계로부터 미역채취권을 얻어 독도 미역채취에 종사하였을 때 물골 안에서 살았다.

제주해녀들은 동도에 사는 경비대원들과는 달리 서도의 물골에 거주했다. 물골에 솟아오른 물을 작은 바가지를 이용하여 떠서 밥을 해 먹으면서 물을 아꼈다. 그들은 물골의 자갈밭에 가마니 몇 장을 깔고 얇은 야전용 군인 담요를 덮고 잤다. 그러다보니 여기저기에 튀어나온 돌 때문에 등이 배기어 때문에 그 돌을 고르느라고 잠을 설치기 일쑤였다. 그들은 대개 한 달 정도, 길게 두세 달 정도 독도에 살았기 때문에 그렇게 물골에서 어려움 속에서 견뎌낼 수밖에 없었다.[18]

제주도의 한림읍 협재리의 제주 해녀 김공자는 19살 되던 해인 1959년에 독도에 물질 갔다. 금릉, 용포를 포함한 협재리 해녀 36명과 남자 10명 등 45명이 독도에 들어갔다. 이처럼 대거 독도에

〈사진 12〉 물골의 주거시설

물질을 간 것은 당시 재향군인회 회장이었던 김덕근과 울릉도에
살고 있었던 부회장 정원도가 제주해녀를 모집해서 가게 되었다.
남성들은 두 척의 풍선을 이용하여 해녀들이 딴 미역을 실어 날았
다. 물골이 있는 굴은 높이가 2m가 되며, 30~40명이 살 수 있도록
나무를 이용하여 2층으로 단을 만들어 숙소를 마련하였다고 한 것
으로 보아[19] 독도에 어채활동을 한 어부들과 해녀들은 〈사진 12〉에
서 보다시피 물골이 있는 동굴에서 나무를 이용하여 단을 만들어
숙소를 마련하는 단계로까지 발전하였다. 그런 것을 안 최종덕 역
시 물골에 터를 잡을 수밖에 없었다.

최종덕은 이전에 독도에 들어왔던 사람들과는 달리 장기간 거주
를 위해 들어갔다. 장기간 거주를 위해서는 안정적 식수의 확보와
주거시설의 마련을 하지 않을 수 없었기 때문에 최초로 물골에 인
공을 가하였다.

최종덕은 거주를 위해 물골에 터를 잡고 주거시설과 샘솟는 물

을 저장하기 위한 급수시설을 만들기 시작하였다. 제주 해녀 김공자의 증언에 의하면 최종덕은 울릉도의 남성 6~7명과 같이 들어와 물골에 물통을 만들어서 해녀들이 물론 쉽게 이용하도록 했다고 한다.[20] 그렇지만 울릉

〈사진 13〉 독도어민보호시설기념 동판

도에서 시멘트 등의 자재를 실어 와야 하는 어려움으로 인해 공사는 원만히 이루어지지 못하였다. 1966년 10월부터 경상북도의 지원을 받아 11월 22일에 '독도어민보호시설'이 그렇게 준공될 수 있었다. 그것을 기념한 동판이 〈사진 13〉이다. 그것에 다음과 같은 기록이 보인다.

독도어민보호시설기념

1. 시설물 : 어민보호소 6평. 선치장 7m, 급수조 1개소

2. 총공사비 : 1,200,000원

3. 공사기간 : 1966.10.5.~1966.11.22.

위 시설물은 독도 근해에 출어하는 대한민국 어민의 안전보호와 독도 수산자원 개발을 위하여 시설함

1966년 11월 22일

경상북도지사 김 인

독도의용수비대는 독도를 지키고자 하는 경비의 임무를 띠고 있었다. 그에 반해 1965년에 최종덕이 독도 물골에 자리잡음으로써 그는 독도의 온전한 주거 어민이 되었다. 그런 이유 때문에 위 동판에서 기록된 것처럼 경상북도가 독도 어민을 보호하기 위한 행정적 조처와 지원을 할 수밖에 없었다. '독도어민보호시설'이란 이름은 독도 주민 최종덕이 있음으로 가능한 이름이다. 그것이 갖고 있는 의미를 부각할 필요가 있다. 그러나 동판에 기록된 문구의 경우 '독도 근해에 출어하는 대한민국 어민의 안전보호와 독도 수산자원 개발을 위하여 시설함'이라고 하여 독도에 살고 있는 어민, 최종덕의 존재를 드러내주지 않은 잘못을 범하고 말았다.

최종덕이 최초로 물골에 인공을 가하여 온전한 식수로 활용하였지만 1967년 8월 30일자 〈서울신문〉에 물골 발견과 급수조 공사를 독도의용수비대장을 지냈던 홍순칠이 했다는 다음과 같은 기사가 발견된다.

> 식수 한 방울이 피 한 방울에 비겨왔던 독도에 샘이 생겼다.⋯ 홍순칠씨가 수년간의 탐색 끝에 발견, 청동 같은 바위틈에서 샘솟는 우물로 개발한 것이다. ⋯ 이 샘이 발견된 것은 65년 11월 23일쯤 그해 여름 전국적인 한발때에도 굴 속에 물기가 있는 것을 발견한 홍씨가 시멘트 등으로 1개월 동안 시험한 끝에 TNT로 굴바닥을 터트려 물이 솟게 된 것이다. 홍씨는 지난해 경북지사에게 진정, 이 샘가에 아담한 「어민의 집」까지 세웠다.

아마 이 기사는 최종덕의 물골 개발을 잘못 전한 것이라고 볼 수 있다. 그렇지만 독도의용수비대가 독도 경비를 위해 독도에 들어 갔을 때 미군의 폭격에 의해 동, 서도에 있는 수원이 모두 폭파되 었을 가능성이 있다. 그로 인해 이때 홍순칠이 TNT로 굴바닥을 터 트려 물이 솟게 했을 가능성이 있다. 그것을 최종덕의 물골 정비와 착각하여 이런 기사가 나왔을 것이다.

최종덕은 겨울에는 김을 뜯었고, 봄까지 미역을 뜯어 말렸다. 말 린 미역은 굴 안쪽으로 쌓아 놓았는네, 그 굴은 안으로 갈수록 아 주 넓었다.[21]

(2) 물골에서의 생활 접고 덕골 집 마련

독도에서 생활하기 위해 거주할 곳 마련이 최우선 과제였다. 최 종덕은 물골의 정비와 함께 주거시설의 마련에 나섰다. 처음 물골 에 움막을 지어 생활하였지만 북풍받이로 종일 햇볕이 들지 않고 눅눅하였다. 또 북에서 몰아치는 거센 물결을 맞받아 배를 대기도 적당하지 않다.

최종덕은 1965년 장기 거주를 위해 물골에 들어간 이후 동도와 서도 여러 곳을 답사하여 항구적인 주거공간이 가능한 지역을 물 색하였다. 그렇지만 독도의 경우 화산에 의해 생성된 섬이기 때문 에 돌이 푸석푸석하여 돌들이 떨어지므로 집을 지을 마땅한 곳을 찾지 못하였다. 그러한 노력 끝에 덕골이 최적의 장소였다고 판단 하였다. 그는 결국 1966년에 현재의 어민숙소 자리에 토담을 쌓고 슬레이트 몇 장만을 얹어 집을 지어 1967년에 '덕골'로 이사하였 다.[22] 덕골은 물골과는 반대 방향이어서 물을 운반하는 데는 힘들 었지만 주거공간으로서는 최적지였다. 남향으로 추위와 파도, 바람의 영향을 적게 받는 지역이어서 태풍이 와도 끄떡없는 곳이었다. 더군다나 배도 올릴 수 있는 장소였다.

최종덕의 여동생의 증언에 의하면 집을 지을 때 다이너마이트를 터트려 터를 닦는 등 집 완성 때까지 3년이 걸렸다고 한다. 그렇다면 최종덕은 1965년 독도에 들어와 물골에 살면서 집 지을 곳을 물색하고 터를 닦기 시작하였다고 보아야 한다. 그런 생각을 한 것은 1964년 이후 물골에서 3개월 지내면서 물골이 항구적인 주거시설로 적당하지 않다는 판단이 섰기 때문이다. 최종덕 이전에 미역을 캐러 단기간 독도에 왔던 사람들과의 차이이다. 그는 독도에서 정주생활을 위해 들어왔다. 그렇게 볼 경우 물골에서의 생활은 집을 지을 때까지의 임시 정주시설로 여겼다고 보아야 한다. 〈사진 14〉는 1967년에 완성된 집의 모습이겠지만 사진은 1970년대 사진으로 알려지고 있다. 언제 찍었는지는 정확히 알 수가 없다.

처음의 집은 함석과 슬레이트로 지었다. 함석집을 지은 것은 울릉도 생활경험이 밴 것이다. 울릉도의 경우 이때 함석집이 유행하였다. 그는 이 집을 짓기 위해 돌들을 연장으로 찍어 터를 닦는

〈사진 14〉 1970년대 서도집

공사를 하였다. 〈사진 14〉에서 보다시피 보잘 것 없는 집이지만 그러한 각고의 노력의 결과이다. 첫 집을 짓고난 후 최종덕은 독도에서 생활하면서 필요에 의해 독도에 적합한 생활공간을 늘려가며 주거공간을 다듬어 갔다. 서도에서 동도로 넘어가는 중간에 자그마한 연장을 넣을 수 있는 창고를 만들었고, 거주하는 사람이 덜 불편하도록 스레트와 시멘트를 이용하여 온돌방과 건조장, 창고도 지었다.

사람의 거주와 거주시설의 유무는 영토분쟁에 있어서 절대적인 실효적 지배의 근거가 된다. 한국과 일본의 경우도 이것의 유무를 따져 영토분쟁이 해결된 적이 있다. 1693년 울릉도에서 안용복과 박어둔 두 사람이 일본 오야가문(大谷家)의 어부들에 의해 일본에 붙들려간 사건이 있었다. 이때 일본 에도막부는 대마도주를 통해 죽도(竹島)를 자기네 영토라고 하면서 조선의 어부들이 어채활동을 하는 것을 금해줄 것을 요구하는 '죽도일건(竹島一件)'을 일으켰지만 결국 죽도가 조선의 울릉도임을 알고 조선의 땅으로 인정했다. 그때 에도막부는 "조선의 섬을 일본에서 빼앗았다고 할 수도 없고, 일본인이 거주한 적도 없습니다"라고 하여 일본인이 거주한 적이 없다는 것을 이유로 들어 조선의 땅으로 인정했다.[23] 이처럼 17세기 말의 영토분쟁에서도 주거의 유무가 고려된 것을 알 수 있다. 에도막부 시절, 그런 경험을 갖고 있었던 일본은 1905년 독도를 불법 편입하기 위해 주민의 이주와 주거시설이 존재하였다는 것을 내세우게 된다.

1905년 일본은 독도를 주인 없는 땅, 즉 무주지(無主地)라고 하여 일본의 영토에 불법 편입하는 조처를 취하였다. 그 결정을 내린 일본 각의 결정문을 보면

별지 내무대신 청의 무인도소속에 관한 건을 심사해보니, 북위 37도 9분 30초, 동경 131도 55분, 오키도(隱岐島)를 거(踞)하기 서북으로 85리에 있는 이 무인도는 타국이 이를 점유했다고 인정할 형적이 없고, 2년 전 36년 본방인(本邦人) 나카이요자부로(中井養三郎)라는 자가 어사(漁舍)를 짓고 근로자를 옮겨와서 엽구를 갖추어서 강치잡이에 착수하였고, 이번에 영토편입 및 대여를 출원하게 된바 … 메이지(明治) 36년 이래 나카이요자부로(中井養三郎)란 자가 해도(該島)에 이주하고 어업에 종사한 것은 관계서류에 의하여 밝혀지며, 국제법상 점령의 사실이 있는 것이라고 인정하여 이를 본방소속(本邦所屬)으로 하고 시마네현(島根縣所屬) 오키도사(隱岐島司)의 소관으로 함이 무리 없는 건이라 사고하여 청의(請議)대로 각의결정(閣議決定)이 성립되었음을 인정한다.[24]

나카이요자부로란 자가 독도에 이주하고 어사(漁舍)를 지어 어업에 종사한 것을 이유로 대고 있다. 그렇지만 한말 일제시대 강치잡이에 나선 일본 어부들의 어사(漁舍)는

메이지(明治) 37년 11월 군함 쓰시마호가 이 섬을 조사할 때는 동 섬에 어부용 움막이 있었지만 풍랑 때문에 거의 파괴되었다고 한다. 매년 여름이 되면 강치 사냥을 위해 울릉도로부터 도래한 자가 많게는 수십명에 이른 적이 있다. 이들은 섬에 움막을 지어 매회 약 10일간 임시 거처한다고 한다.[25]

겨우 10일 간 머무를 정도의 임시 막사인 움막 정도에 불과하였

다. 그에 반해 최종덕이 만든 집은 함석과 슬레이트를 얹은 집이었지만 항구적이고 장기간의 거주를 위한 의도에서 만들어진 삶의 공간이다. 1974년도의 〈사진 15〉를 보면 당초의 함석집에서 발전하여 이선을 올릴 수 있는 선착장을 마련할 정도로 발전하였다.

〈사진 15〉 1974년 서도집과 선착징에 올린 덕진호 모습

〈사진 16〉은 서도의 선가장 공사를 하기 위해 노력하는 최종덕과 제주해녀의 모습들이다.

울릉도에서 배를 인력으로 뭍으로 끌어올리는 것을 최종덕이 도르래를 사용하여 쉽게 배를 끌어올릴 수 있는 시설을 개발하였다. 독도는 울릉도보다 훨씬 파도가 심하다. 최종덕은 선가장 공사를 완성한 뒤 파도가 심한 독도에서 배를 뭍으로 배를 끌어올리는 단계에서 배를 매달아 올리는 장치를 고안하였다. 2~3m 이상 치는 파도에 견디기 위해 배를 3~4m 이상으로 매달아 놓았다.

〈사진 15, 17〉에서 보다시피 최종덕은 덕진호란 배를 갖고 있었

〈사진 16〉 서도의 선가장 설치 모습

〈사진 17〉 덕진호와 함께 독도 근해에서 조업하는 최종덕

다. 그의 여동생인 최말분의 증언에 의하면 1959년 무렵 독도에 드
나들 때 덕진호보다 작은 배를 갖고 있었다. 그 이후 덕진호를 구
입하였다. 최종덕의 딸인 최경숙의 증언에 의하면

음, 덕진호 구입은 제가 태어나기 전이라서 기억이 잘 나지 않
습니다. 그리고 70년대에 덕진호배 1.25톤짜리를 새로 지었다는
것에 대한 자료는 지금도 있고, 85년도에 태풍으로 인해서 배가
또 부서졌던 적이 있었어요. 파손으로 인해 새로 지었는데 85년도
에 새로 짓고 87년도에 아버지가 돌아가시면서 친정어머니께서
독도배를 팔아버리신 것으로 기억합니다. 아 맞다 90년도까지 85
년도에 지었던 배를 사용을 하고 있다가 90년대 도동 어촌계에서
독도 바다를 사용할수 없게 만들어 그 배를 친정어머니께서 따로
팔아버렸죠. 그 일로 인해 우리에게는 배가 없어 기금을 받아서 독
도 사랑호라고 하는 배를 그때 짓게 된 계기가 됐는지도 모르구요.

최경숙이 태어나기 이전에 덕진호를 구입하였기 때문에 구입
연대를 기억하지 못한다. 그 덕진호는 어떻게 되었는지 모르지만
1970년대에 2.5톤 짜리의 덕진호를 새로 지었다.

두 번째의 덕진호는 1985년의 태풍으로 인해 배가 부서졌다. 그로 인해 1985년에 다시 배를 지었지만 1991년에 도동어촌계로부터 독도어장권을 확보하지 못하게 되자 최경숙의 어머니가 배를 팔아버렸다. 당시 최경숙이 기금의 마련을 통해 '독도 사랑호'란 배를 짓게 된 것은 독도 주민으로서의 삶을 다시 시작하고 팠던 최경숙의 염원에 의해 이루어진 것이다.

최종덕은 서도 덕골에 집을 마련한 후 살면서 울릉도에서 시멘트와 나무 등을 사다가 문도 만들고 방도 꾸며 차츰차츰 주거공간과 작업공간을 마련하여 갔다. 1983년의 〈사진 18〉은 그런 과정을 겪으면서 이루어진 변화의 모습이다. 건조장과 선착장을 갖춘 3채의 집으로 변화된 모습이다. 그것이 가능했던 것은 독도를 생활터전으로 삼아 수익을 남길 수 있었기 때문이다. 최종덕 이전에 독도에서 어채활동에 종사하였던 사람들은 그 수익을 독도에 투자하지 않고 갖고 나갔다. 그에 반해 최종덕은 독도에서 생긴 이윤을 독도에 재투자하여 주거공간과 작업공간을 마련하였다. 그 결실의 모습이 〈사진 18〉이다.

〈사진 18〉의 오른 쪽에 있는 배는 기계배이고, 위쪽에 있는 곳은 건조장이다. 아래의 왼쪽에 위치한 두 칸은 최종덕 일가가 사는 주거공간인 온

〈사진 18〉 1983년 벽돌과 독도 모래로 새로 증축한 모습

돌방이고, 오른쪽의 건물은 창고이다.

독도의 건조장은 당초 문어를 말리기 위해 건립되었다. 문어건조장의 건립에 대한 최경숙의 증언은 다음과 같다.

> 선원아저씨들, 특히 문어잡는 아저씨들은 왜 데리고 갔었냐면은 처음에 아버지가 독도에 가시니 전복이 있기는 있는데 큰 전복이 한두 개씩 밖에 안 보이더래요. 그래서 그 전복 자체를 가만히 생각해 보니까 전복의 천적이 불가사리하고 문어인 것을 아시고 문어가 너무너무 많고, 독도 문어는 얼마나 큰지 머리통 하나 다리하고 합하며는 7~80kg짜리가 너무너무 많습니다. 해녀, 해녀들이 잡아오는 거도 60kg짜리는 태반사고, 문어아저씨들이 잡는거는 70kg, 80kg짜리 있어요. 그러면 큰 콘테이너에 그 한 마리가 하납니다. 그럼 그거를 다 잘라가지고 인자 우리는 삶아내야 되는데 그거를 인자 독도에 전복을 키우기 위해서 문어를 잡아내야 되는, 그래야 아버지께서 손해를 보고라도 해마다 문어잡는 아저씨들을 네, 다섯분씩 인자 뗏말로, 자기 뗏말을 가지고 와서 문어를 잡게 그렇게 인자 데리고 가는데, 그기서 뗏말로 문어를 잡으면 그날 날 좋을때 잡은 문어를 한 이 앞에 200kg 뭐 이렇게 잡는 것들을 다 아버지가 받아가지고, 아버지께서 그거를 다 받아서 우리는 그거를 다 삶습니다. 그러면은 다섯시쯤 다되가지고 어두스름할 때 작업 끝나고 사람들이 다 오면은 그 문어를 kg수 대로 다 받아가 그거를 다 삶아서 한 1000kg 넘는거를 그 밑에 그 문어 삶는데 삶아가서 썰어서 다 건조장에가 널고 그렇게 하는데 그게 인자 그 때 생긴게 문어 건조장이~ 그렇게 해서 생기는거에요. 그라믄 그 4월

달에는 특히 못녀는게 갈매기들이 많기 때문에 그 널어노면 갈매기들이 다 물고 가버려요. 그래서 위에다 또 그물망으로 처놓으면 망을 뚫고, 뚫어갖고 갈매기들이 안에서 내~먹지 않습니까. 참 독도는 너무너무 열악한 상황 속에서 아버지가 맨날 개척하고 이것도 더 사는데 더 편리한거 그런거만 자꾸 하다보니깐 파도가 치고 노는 날도 그냥 편하게 앉아 쉬는 날이 없어요.

최종덕은 1959년부터 전복 양식에 관심을 갖고 있었고, 그런 목적을 위해 독도에 들어왔다고 할 수 있다. 최경숙이 위에서 말한 것처럼 최종덕이 독도에 들어왔을 때 독도에는 전복이 있었지만 큰 것은 별반 보이지 않았다. 최종덕은 불가사리와 문어가 전복을 잡아먹기 때문이란 것을 곧 알았다. 독도에는 문어가 굉장히 많았고, 그 크기 역시 60kg짜리가 태반사이고, 70~80kg 짜리도 많았다. 전복, 소라, 해삼을 채취하는 해녀들이 사진 속에서 커다란 문어를 잡아 올리며 활짝 웃는 모습을 보여주는 장면을 종종 발견할 수 있지만 커다란 문어한테 잘못 붙잡히면 물 위로 못 올라오고 딸려 들어가 죽을 수도 있으므로 해녀들은 문어들을 꺼린다.『현산어보』에서 정약용이 문어의 두려움을 다음과 같이 언급한 바가 있다.

> 애들은 항구에 가 고기잡게 말지어다
> 여덟 발 문어에게 걸려들까 무서워라

아리스토텔레스도 거대한 문어를 바다의 3대 괴물로 지목한 바 있다.[26] 그렇지만 전복에 대한 많은 관심을 가졌던 최종덕은 문어

〈사진 19〉 문어바위

가 전복을 주로 잡아먹는 것을 발견하고 독도에서 전복을 키우기 위해 문어 사냥에 나섰다. 문어를 잡기 위해 매년 문어 잡는 사람 5~6명을 데려와 문어를 잡게 하여, 그들로부터 문어를 사들여 문어를 삶았다. 삶은 문어를 처음 집 옆의 〈사진 19〉의 문어바위에 널어 말렸지만 갈매기가 물어 가버리므로 문어건조장을 건립하게 되었다. 최경숙은 문어건조장에 대해

네 문어건조장 그 자체 만으로도 너무 큰 유산이 될거 같아요.
그곳에는 파도가 치더라도 모든 바람과 모든 건조가 너무 잘되기
도 하고, 파도가 그곳까지 미치지는 못하거든요.

문어건조장이 바람 때문에 건조가 잘된다고 하면서 문어건조장 자체가 큰 유산이 되리라고 하였다.[27] 〈사진 20〉은 문어를 건조하

<사진 20> 문어 건조하는 모습

는 모습의 사진이다.

최종덕은 냉동창고도 건립하였다. 냉동창고의 건립에 대하여 제
주 해녀 고순자의 증언은 다음과 같다.

요건 창고~요거는 냉동실~ 냉동실이라는건예~ 눈이 오면은
우리가 작업을 못가면 이 냉동에다가 막 눈을 담아 여예~영감씨
가 막 발로 밟으면서 눈을 담아 여면 이 물건을 잡으면 수송을 잘
못하거든예. 게면 이 냉동에당 다 담아놔 영감씨가 다 담으라해가
다 담아놔가 낸중에 날 좋으면 문어도 삶고 해삼도 삶고 그러면
서…

평상시 눈이 오면 냉동실에 눈을 가득 담아 두었다. 해녀들이 잡
아온 문어, 해삼을 냉동실에 넣어 저장하였다가 날이 좋으면 그것
을 끄집어내서 삶았다. 최종덕은 독도에서의 생활을 위해 주거공
간 외에 독도의 여건상 육지로 제때제때 생물을 실어나를 수 없는

67

〈사진 21〉 1986년 서도 주민숙소

상황에서 건조장과 냉동창고 등을 만들어 독도 산물의 상품성을
높이기 위해 노력하였음을 알 수 있다.

덕골은 주거공간으로서 최적지였지만 유일한 식수가 있는 물골
과는 정반대였다. 배를 타고 물길로 내왕할 수 있지만 파도와 바람
으로 인해 배로 가기 어려운 상황에 직면하곤 했다.

(3) 물골 방파제 공사 및 물골 넘어가는 998 계단 축조

물골과 숙소는 같은 서도 내에 있었으나 숙소에서 물골로 물을
길러 가기 위해서는 배를 타거나 산을 넘어야만 이동이 가능한 위
치였기 때문에 식수를 얻는 일은 보통 일이 아니었다. 폭풍이 불거
나 파도가 쳐서 배를 띄울 수 없는 날이면 깎아지른 절벽을 밧줄
하나에 매달아 몸을 의지하고 물을 길어야 했다. 이러한 위험과 번
거로움을 해결하기 위해 그는 숙소 뒤 가파른 절벽에 계단을 놓기

시작한다. 물골까지 가는 길을 정비한 셈이다. 한 계단 한 계단 시멘트를 등에 져 올려 완성한 계단이다. 실제로 그 계단은 60~70°이상의 경사를 갖고 있기 때문에 그것을 본 사람을 엄청난 경사에 놀라지 않을 수 없다.

제주 해녀 고순자와 최종덕의 딸이 주고받은 대화에서 안정적 식수확보를 위해 물골 보강공사와 물골로 가는 계단공사가 어떻게 이루어졌는가를 구체적으로 알 수 있다.

고순자 : 가장 기억에 남는 일이예 우리 처음 갈 적에는 산이 요렇게 있는데 물이 없어예 물이 없는데 그 요런 홈 배기가 요렇게 남아 있어예 산에서 요렇게 내리는기 남아 있는데 물이 졸졸졸 비오라나던 안하던 그게 가물지만 안허면 물이 졸졸흘려

기자 : 아.

고순자 : 아저씨 이 물은 어디서 나오는 겁니까하믄 저 물골에도 물담는 통이 있어요. 이믄 물통에 이제 날 구진 날은 옷을 막 옷이 추잡헙니다게 그렁 이게 옷이 빨람입니까 뭡니까게

기자 : 그렇죠

고순자 : 옷을 이제 주섬주섬 줏어서 이제 물골에 빨래예 빨래하러가는디 가이당에 없으니까 줄타고 갔어요 줄을 타고 남자들은 먼저 앞에 올라가는 놈은 줄을 땡기고 마주 올라가는 놈은 막 궁둥이를 밀고 그렇게 하면서

기자 : 두래박이 올리듯이

고순자 : 예. 그 두래박이 올리듯이 산을 올라가고 또 내려갔어
　　　　 요. 내려 갈때는 지르륵지르륵 미끄럼 타는 모냥으로예

기자 : 안 그러면은 배를 타고 뺑 돌아와야 되니까

고순자 : 아 겨고 또 파도 치면은 못가니까 또 날 좋으면 작업해
　　　　 야되지 겨니까. 어쩔수 없이 이제 그 길을 크게 넘어감
　　　　 시 가면 그 물골이라는게 이 요만큼 통이 저 큰 구댕이
　　　　 가 있어예. 물 고이는 구댕이가 있으니까 아저씨가 하
　　　　 는 소리가 이 바닷물이 이래 파도를 쳐서 오기 때문에
　　　　 물이 짭니다. 당히 짭섭니다게. 깅 하면 생채로 물을
　　　　 먹지도 못해예. 하이타이로 머리 감으면예 머리꺼텡이
　　　　 푹 떠가꼬

최경숙 : 호호호 그때 처음 나온 샴푸가 유니나 샴푸.

고순자 : 하이고 말도 못헙니다

최경숙 : 바닷물로 씻는게 더 낫다

고순자 : 차라리 바닷물이 나사예 머리꺼텡이 붙어가지고 때지
　　　　 도 못해 그건 때지도 못해가지고 이젠 허니까 아저씨
　　　　 가 한 일년 한 이년이 지나니…

기자 : 그 물을 드시고 사셨어요?

고순자 : 예. 그 물을 먹고 살았거든예 개나 십삼년 동안 그 물
　　　　 만 먹었거든예

기자 : 어이구 후~

고순자 : 개나 영감씨가 하는 소리가 이 앞에다가 세멘으로 요
　　　　 렇게 스라브를 쳐가지고

기자 : 못들어오게

고순자 : 못들어 바닷물을 못치게 허면 물이 덜 짭을꺼다 기래 가지고예 바닷물에서 모래를 파가지고 모래도 아무데 나 없습니다. 거 동도 앞에 허고 가재바위 옆에 밖에 없습니다

기자 : 바닷속의 실정을 잘아시니까 어르신께서

고순자 : 예예 그래가지고 그 뒤서 모래를 이제 영감씨 처음에 는 이제 자리에 담으라고 해가지고 자루에 그게 들어 갑니까게

최경숙 : 바닷속에서

고순자 : 바닷속에서

최경숙 : 수심 10m 밑에서

고순자 : 그걸 담으라고 해가 아이고 저 절대 저기 거 자루에 담 지는 못하겠습니다 허니 이제

기자 : 물속에 나가다 보니까

고순자 : 영감씨가 이제 연구를 한거라예. 연구해가지고 저거 이제 올리자 모래를 올리자 올려가지고예 이젠

기자 : 발동기로 이제

고순자 : 발동기로 그거 기계로요 그걸 이젠 또 산 만당에 올리 는 거라 모래를 올려가지고 그 물골에다가 그 영 가운 디예

기자 : 네네

고순자 : 스라브를 친거라예 치니까

기자 : 그 공사도 그때 최종덕 어르신께서 하신

고순자 : 예 그 아저씨가 하신거, 걔나 독도든 어디든예 공사한

거, 저 이제 저 삼층집 짓었다는거 말뿐이지. 그 사람 김성도 한거 한 개도 없어. 그 전에 공사는예 아저씨가 다 바딱한겁니다. 그래가지고 이제 그이 그거를 이제 요롷게 새워 노니까 산에서 해수를 치니까 비가오면 그 해숫물이 그 물통대래 그 물이 내려와 그래서 물이 짜와

기자 : 그렇죠

고순자 : 그 요롷게 새와도 스라브층 새와도 닉닉헌기

최경숙 : 닉닉허니

고순자 : 짜 짜와 그니까 그래도 이제 그 물을 먹었는데 순경들이 한번은 파도를 쳐가지고 파도를 안치고 안치면 날이 좋았거든예. 아침에 날이 좋은 데다가 어보이 이것들 뭐 보드타고 물골에 간다고 물골에 가면은 그 돌이 요롷게 밀어가지고 만드는 돌이 있어예 만드는 돌이 있는디

기자 : 만드는… 예예

고순자 : 저 어디 설랍에 어디 있긴 있을꺼우다만은

최경숙 : 아~

고순자 : 그 돌을 주시래 전경들이 다예 낮에는 다 심심허니까, 가니까 이젠 갔다가 파도가 갑자기 독도는예 갑자기

최경숙 : 돌풍이 불어

고순자 : 돌풍이 불어예 경허는 그 그때 전경이 많이 죽었자나요. 전경이 많이 죽으니까 영감씨 아저씨가 하는 말이 가이당이 있으면은 사람이 위로 올라 갈 수가 있었는

데 가이당이 없고 올라가는 길을 모르기 때문에 전경
들이 죽었다 경허 밑에서 아저씨가 가이당 놓기를 시
작했어요

최경숙 : 김성도씨 그때 없었잖아

고순자 : 성도는 없었고 그 그 사람은

최경숙 : 그때 계단 만들 때

고순자 : 계단 만들 때는 없었고

최경숙 : 계단 만들 때 나도 알아, 장군 있었고

고순자 : 장군허고 저 누게고 저 용문호 선장 그 사람 그 사람은

최경숙 : 최태현이

고순자 : 최태현이 그 사람은 했고 또 정군

최경숙 : 종찬이 아제하고 정군 있었나?

고순자 : 정군인가 누겐가

최경숙 : 장군하고 정군이 젤 많이 지어 올랐다

고순자 : 그르이

최경숙 : 나도 그때 밥해주고 아부지한테 지게 작대기 맞아가면
       서 고순자 : 으흐흐흐흐

기자 : 그니까 그 물골에 물이 짰던 이유는 이제 파도가 쳐서 해
       수가 바다에 그 바위에 치면서

고순자 : 예예

기자 : 그것이 고여가꼬 다시 물골에 들어가니가 물이 짰던거다
       아…

고순자 : 그렇게 아저씨

기자 : 원래 거기서 나오는 물은 아닌데

〈사진 22〉 서도 998계단 : 공사모습(상)과 완공 모습(하)

고순자 : 원래 거기서 나오는 물을 짰는지 안짰는지 그것도 몰
　　　　라요

최경숙 : 닉닉해

기자 : 닉닉했겠죠 아무래도 돌 사이에 나는 거니까

고순자 : 경허니까 그 스라브를 쳐노니까 그래도 먹을 만 했어
　　　　요. 먹을 만 해가지고 이거 가이당 묵기 시작을 해놨는
　　　　데 몇 달을 몇 달을 그 가이당을 놔가지고 물도 없는데
　　　　다가 그 가이당을 놓자니까예 영감씨가 그래서 영감씨
　　　　가 먼저 빨리 돌아가신거 같아. 너무 신경을 써가지고
　　　　신경을 좀 덜써야 되는디. 그냥 밤에도 잠도 잘 안자고

기자 : 그러면 그 계단공사나 물골공사가 독도 가신지 얼마만에
　　　　하신 일이었어요?

최경숙 : 한 80년도에 한 7, 8년 넘어가꼬 했지

고순자 : 아니여

최경숙 : 83년도에 했다 그거

기자 : 한 십년 정도 사시다가

고순자 : 아니 십년 안돼

최경숙 : 십년까지는

고순자 : 한 5, 6년

기자 : 5, 6년 정도

최경숙 : 아니지

고순자 : 5, 6년 넘었다

최경숙 : 내가 들어가 내가 79년도에 처음 들어갔는데 아부지
　　　　이제 십년 다 되갈꺼에요 그때가

고순자 : 하믄 한 8, 9년

최경숙 : 아 8, 9년 됐어요

고순자 : 8, 9년 됐어요

기자 : 그러면 물골공사하고 계단공사 시절에 어느게 가장 기억
　　　　에 남으세요 가장 고생했던 대목이 그 대목이신가요

고순자 : 예예

기자 : 그 계단 공사로 모래 퍼올린 그거

고순자 : 모래 퍼올린 그거 예

기자 : 바위에다 구멍 뚫어서

고순자 : 구멍 뚫어서

최경숙과 고순자와의 위 이야기를 통해 최종덕이 덕골로 이사한

후 물골 방파제 공사와 덕골에서 물골로 넘어가는 계단 공사를 한 이유 등을 알 수 있다. 위 대담에서 최경숙과 고순자는 기억을 더 듬어 이야기하는 관계로 인해 물골 방파제 공사와 물골로 넘어가는 계단이 만든 시점에 대해 혼란을 보이고 있다, 기록들에 의하면 물골 방파제 공사는 1981년에 이루어졌고, 서도 998계단 공사, 즉 덕골에서 물골로 가는 계단 공사는 1983년에 이루어졌다.[28]

위 증언대로 물골 방파제 공사가 이루어지기 전의 물골의 물은 닉닉하였지만 그런대로 먹을 수 있을 정도였다. 그렇지만 파도가 치면 바닷물이 물골의 샘물에 들어가 짠 바닷물이 되기 십상이다. 그것을 방지하기 위해 최종덕은 물골 방파제 공사를 하였다. 방파제 공사를 한 뒤 파도에 의해 바닷물이 들어오는 것을 상당 부분 막아주었으므로 물은 그런대로 먹을 만 하였다. 물골의 물은 처음에는 졸졸 흘러내리는 물을 받아 사용하였기 때문에 그 수량이 많지 않아 물이 부족하였다. 그래서 최종덕은 샘물을 가두기 위해 저수조를 시멘트로 만들었다. 이 저수조를 만든 후 물골의 물은 충분한 수량을 확보할 수 있었지만 파도에 의해 바닷물이 들어갔었기 때문에 짜가와졌다. 그 때문에 방파제가 만들어진 것이다. 최경숙과 고순자의 다음 대화에서 그것이 잘 드러난다.

> 고순자 : 그렇지… 그리고 물골도 있고 물골 가는 길에도 그 가
> 이당 옆으로 물이 내려왔었어이. 비오라 나면은 그 물
> 이 요만큼한데서 졸졸졸졸 물이 나왔났어요 나와가지
> 고 우린 이제 그거 비오면 그 물 받아다가 먹고 날 좋
> 으면 또 물골에 가서 물을 실어오면은 그 물골에 물이

요만큼 베께 안되예~요만큼 허믄 우리가 퍼오면은 물
이 없어.. 물이 없으면 없으니깐 세맨하가지고 요렇게
물통을 만들자 해가지고 또 요만큼 해서 만들었거든
예? 요만큼해서 만드니깐 물이 짭아예. 머리를 비누로
감으면 머리에 딱 달라붙어가지고 머리때가 안가예.
그러니깐 이제는 찬물을 해수를 쳐가지고 이게 물이
짭다. 그래가지고 그 가운데다가 또 요로쿰 기둥을 세
왔어요. 찬물 안 들어가게끔

최경숙 : 바닷물 안들어가게~

고순자 : 바닷물 안들어가게~거 게니깐 이중으로 돼있어 그게

최경숙 : 그 공사를 내가 그때 공사 여름에 공사를 했는데 물골
공사~ 밑에 그 앞에 방파 그 밑에 수심을 굉장히 깊게
팠어요~파도에 치면 떠내려간다고 그 2메다 넘게 팠
는걸로 그거다 손으로 다 팠어요 기계 장비가 없어가
꼬.. 그걸 다 육지 같으면은

고순자 : 깊으게 파야 파도가 쳐도 안무너지고 안 떠나니깐

최경숙 : 예~ 그게 쇠 파이프 다 꼽아가지고 근데 그 공사를 할
때는 독도에 공사같은 거는 아버지가 거진 다 구십 한
팔프로는 아부지가 공사를 다 하셨어

방파제는 바닷물이 물골의 샘물에 들어오는 것을 막기 위한 이
중의 장치로서 고안된 것이다. 흔히들 물골에 들어간 사람들이 불
평하면서 물골로 올라가기 어려운 흉물스러운 방파제를 왜 건설하
였는가라고 하지만 덕골에 사는 사람들은 998 계단이 만들어지기

이전에 밧줄을 타고, 계단이 만들어진 이후 계단을 오르내리며 물골로 건너 갔다. 바람이 잔잔한 날, 배를 타고 물골로 갔지만 방파제를 불편하다고 전혀 생각하지 않았다. 물골의 물을 먹는 주민들에게는 방파제가 바닷물이 들어오는 것을 막는 절실한 공사였다. 물골의 샘물을 먹기 위해 수도꼭지까지 박았고, 갈매기 똥이나 돌이 떨어져 들어가는 것을 막기 위해 덮개를 덮었다. 지금 환경보호자들이 왜 물골의 샘물에 덮개를 덮어 새들이 물을 먹지 못하게 하느냐고 하지만 물골의 물은 독도 주민이 유일하게 먹을 수 있는 물이다. 그것을 지금의 잣대로 비난하는 것은 잘못된 것이다.

물골의 물은 정기적으로 물을 빼고 청소를 말끔히 하였다. 일주일이면 물골의 물은 가득 찬다. 파도가 잔잔한 날, 물골에 배를 타고 가서 샘물을 길어 덕골로 돌아왔다.

방파제가 만들어졌고, 정기적 청소가 이루어졌어도 파도를 완전히 막을 수 없어서 독도의 물골 물은 일반 물과 달리 짠 기운이 많았다. 최경숙의 증언을 통해 물골의 물이 어떤 것인가를 잘 알 수 있다.

> 밥을 하는데 밥은 또 독도 서도물이 간간함 짭아요 또 쫌, 그러다보니까 밥은 이거는 뜨실 때, 식으면 더 밥이 짜고, 안그럼 짜다 못해가 쓰다 그럴까요? 경상도 말로 쓥다 그라는데 밥이 좀 쓴 편이었어요. 국도 이래 끼리며는 바닷물로 뭘 하면은 짤거 같지만 짠게 아니고 쓴 맛이 나옵니다. 그러다보니깐 그 쓴 맛, 그게 적응하기까지가 참~그래서 물을 못 먹어갖고 첨에는 물을 될수 있으면 안먹을라꼬 꾹꾹 참고있다가 한번씩 먹고 한번씩 먹고 진짜 못참

을 때 정도 되면 물을 먹고 그렇게 참 적응생활을 했었는데.

최경숙은 서도 물골의 물이 짜다는 표현을 하고, 밥과 국을 하면 짠 것 보다는 쓴 맛이 나올 정도였다고 한다. 그로 인해 물골의 물에 처음 적응하느라고 힘들었다고 한다. 아마도 최종덕에 의해 물골의 방파제가 이루어지지 않았다면 최경숙의 경우 물골의 물을 먹는데 더 많은 적응기를 거쳐야만 하였을 것이다.

물골에서 현 주민 숙소로 이사한 최종덕은 물골의 물을 이용하기 위해 산을 넘어 물골로 쉽게 가기 위해서 이동을 위한 밧줄을 설치하였다. 현재 독도의 주민인 김성도도 그런 증언을 하고 있다. 그는 현재 물골로 넘어가는 계단에 대해 오히려 옛날 밧줄 있을 때가 훨씬 편했다는 다음과 같은 증언을 하기도 하였다.

옛날에는 저기(계단) 올라갈 때 슬리퍼 신고 올라갔다. 그런데 계단 만들어놓고는 되레 한 계단, 한 계단이 힘들다. 그 전에는 밧줄 타고 올라가면 퍼뜩 올라가고, 내려올 적에는 몇 번만 뛰면 금세 내려온다. 완전 유격훈련 지대로라. 이게 푸른 독도 할 적이니까 거진 30년이 다 됐네.

김성도의 경우 독도 계단을 만들고 난 뒤 도리어 한 계단, 한 계단 올라가는 것 때문에 밧줄 타고 올라가면 훨씬 쉽다고 한다. 독도 주민의 경우 밧줄에만 의지해서 물골로 넘어가는 것은 일상적 삶이었기 때문에 전혀 문제가 되지 않는다. 그렇지만 안전의 측면에서 보면 계단 공사는 줄타기로 물골로 넘어가는 것과 비교가 되지 않는다. 고순자의 증언에 의하면 물골의 계단 공사를 하게 된 이유 가운데 하나가 동도에 있던 독도경비대가 보트를 타고 물골로 갔다가 갑작스러운 돌풍으로 인해 전경들이 많이 죽은 사건 때문이다. 이때 최종덕은 물골로 가는 계단을 만들어야 하겠다고 생각하여 울릉군을 찾아가 계단공사의 필요성을 건의하였다.

독도경비대원들의 사고는 1982년 11월 5일에 일어났다. 이때 순직한 독도경비대원은 독도경비대장 주재원과 수경 권오광이었다.[29] 앞에서 살펴본 고순자의 증언과는 달리 사이버독도(http://dokdo.go.kr)의 '학습자료실'에 실린 「독도주민생활사」에서는 다음과 같이 기록하고 있다.

> 1982. 11. 5
> 동도 경비대원들이 서도 물골에 순찰차 작은 뗏목을 타고 왔다
> 가 동도로 돌아가는 길에 돌풍이 불어 뗏목이 파손되면서 경비대
> 원 두 명이 숨지는 사고가 발생했다. 최종덕은 그 당시 물골에서
> 서도 어민숙소까지 넘어 올 수 있는 계단이 있었다면 이러한 사고
> 가 일어나지 않았을 것이라는 생각을 하여 998계단 설치하였다.

어쨌든 서도 물골로 넘어가는 계단공사가 이루어지게 된 직접적 요인은 1982년 11월 5일의 독도경비대원들의 조난사건 때문이었다. 최종덕의 건의를 받아들인 울릉군은 정부에 계단 공사의 필요성을 설파하여 계단공사가 이루어지게 되었다. 계단공사는 처음에 울릉도의 삼부토건에서 맡았다. 삼부토건은 계단공사를 위해 독도에 들어왔지만 일주일만에 손을 들고 독도에서 떠났다. 결국 독도

주민인 최종덕이 이 공사를 떠맡을 수 밖에 없었다. 이 공사를 자청한 최종덕이 삼부토건에서 설계한 설계도면을 보니 일자 형태의 계단공사를 하는 것으로 되어 있었다. 그것은 공사비의 절감을 위한 탁상공론에 불과하다. 설계도면을 만든 사람은 독도에 들어와 보지도 않았다. 최종덕은 물골로 넘어가기 위한 계단을 앞의 〈사진 22〉에서 보다시피 일자 형태가 아닌 지형을 이용하여 지그재그 형태로 만들어갔다.

물골의 공사는 최종덕과 제주해녀 고순자, 문영심이 없었다면 완성될 수 없었다. 고순자의 증언에 의하면 물골의 계단을 만들기 위해 모래 채취는 물골 옆의 동굴에서 모래를 파서 산꼭대기로 도르래로 올렸고, 산 꼭대기에서 제주 해녀들이 망치로 자갈을 부수어 모래와 자갈, 시멘트를 버무려 공사를 하였다.

그리고 동도에서도 모래를 채취하여 서도로 옮겼는데, 동도의 모래 채취는 물 속 바다에서 건져 올렸다. 동도에는 모래가 동도 앞과 가재바위 옆에 밖에 없다. 그때 제주 해녀들이 동원되어 호스를 바다 수심 10m 밑, 모래에 박아 뽑아 올렸다. 제주 해녀 고순자의 경우 이때 팔까지 빨려 들어가서 그 후유증으로 인해 지금까지 앓을 정도로 고생이 많았다.

주민숙소 자리에서는 밑에서 계단을 만들어 갔고, 대한봉에서 물골까지는 위에서 아래로 계단을 만들어갔다. 이 공사를 위해 최종덕은 모래 5~6자루를 올리기 위해 대한봉 꼭대기에서 기계시설을 하여 도르래를 설치하여 운반하였다.

이때 물골 계단 공사에 참여한 사람들은 최종덕과, 고순자, 문영심 외에 울릉도 사람들이 동원되었다. 앞에서 인용한 고순자와 최

〈사진 23〉 서도 몰골 모래 채취 작업 당시 모습

경숙의 증언에 의하면 장군, 종찬, 최태현 등의 이름이 나온다. 신문 등에 서도의 물골 계단 공사가 김성도에 의해 이루어졌다는 기록도 보이지만 최종덕과 함께 물골 계단 공사를 한 고순자의 증언에 의하면 그것은 잘못 알려진 것이다. 이때 김성도의 경우 어린애들이 어렸기 때문에 독도에 온 적이 없었다.

최경숙과 고순자의 대담에는 나오지 않지만 KBS의 영상기록에 의하면 물골로 넘어가는 계단 공사에 국가가 일부 지원하였다. 그 자료가 구체적으로 밝혀진다면 독도 주민 최종덕과 독도경비대가 안정적으로 식수를 확보하기 위한 수단으로서 물골 계단 공사에 정부의 지원이 있었다는 것을 통해 국가의 독도 영유권 공고화를 위한 노력의 증거자료를 확보하는 셈이 된다.

(4) 동도 헬기장 공사 및 구 동도 선착장(동키바위) 공사 참여

독도에서 이루어지는 크고 작은 공사에는 최종덕의 손길이 미치지 않은 곳이 없었다.

동도의 선착장(동키 바위)의 공사는 1981년 ~1982년 사이에 이루어 졌다. 동도의 계단 공사 역시 최종덕의 손길이 미쳤다. 제주 해녀 고순 자 등이 동키 바위 아래 에 들어가 다이너마이트 를 넣으면 최종덕이 그 것을 터트려 공사했다. 경비대로 올라가는 삭도 도 그의 손에 이루어졌

〈사진 24〉 동도 선착장

다. 〈사진 24, 25〉를 통해 동도에서 행한 공사에서 최종덕이 한 역 할이 생생하게 보인다.

〈사진 25〉 동도 계단 공사 당시 모습

1981년의 독도 방파제 공사와 1983년의 물골 계단 공사 사이에 동도에 헬기장 공사를 하였다. 동도의 헬기장 공사는 서울의 동아 건설에서 와서 했었다. 그 공사에는 해병대와 공병대, 해군 등이 와서 합동작전을 하였다. 이 공사는 전두환 대통령의 취임식 기념으로 한 것이었다는 것을 고순자와 최경숙은 기억하고 있다.

6. 독도에서의 최종덕 일가와 제주해녀의 일상의 삶 흔적

제주 해녀박물관이 펴낸 『제주해녀의 재조명』에 의하면, 제주해녀 김공자의 "독도바다는 처음 최종덕이가 개발했지"라고 하는 단정적인 증언이 실려 있다. 최종덕 이전에 독도에 들어간 사람들이 미역 채취를 위해 2, 3월~5, 6월 독도에 들어간 것과는 달리 최종덕은 1965년 도동어촌계 1종 공동어장 수산물 채취권을 획득하여 주로 10월 전후 독도에 들어가 이듬 해 6월말 7월초에 나왔다. 특히 그는 하다까머구리 사업인 다이버 허가를 수산청으로부터 받아 주로 겨울철에 전복이나 소라, 문어, 해삼을 작업했으며, 해초와 성게채취 허가를 받아 독도에 거주하며 작업을 했다.[30] 최종덕과 함께 독도에서 가장 많은 일을 한 사람은 제주해녀 고순자와 문영심이었다. 그들의 도움이 있었기 때문에 최종덕은 독도의 주민이 될 수 있었다.

독도에서의 하루 일상의 모습을 최종덕의 딸인 최경숙이 다음과 같이 전한다.

독도 서도에는 최종덕과 딸, 그리고 제주해녀들과 선원, 그리고 문어잡는 사람들이 한 방에 8명이 자면서 많게는 약 28명 정도의 사람이 살았다고 한다.

새벽 4시 30분에 기상하여 벙커C유나 폐유같은 기름을 넣은 버너로 밥을 하기 때문에 거스름이 생겨 콧구멍이 시커멓게 될 정도라고 한다. 물골의 물을 사용하지만 파도로 인해 바닷물이 들어가 밥이 짜다고 한다. 따뜻할 때는 그런대로 먹을 수 있지만 식으면 밥과 국이 짜다 못해 쓰다고 할 정도이다보니 적응하기 싫지 않다고 한다. 특히 최경숙으로서는 새벽 4시반에 일어나 밥하는 것이 제일 힘들었다고 한다.

해녀들은 새벽 5시쯤 일어나 식사를 하고 5시 30분경에 작업을 하러 나간다. 최종덕은 제주 해녀들이 바다 속에서 일을 하기 때문에 최고로 여겨 몸을 조심시키는 등 귀하게 대접하였다. 추운 겨울에 독도에 자면서도 다들 냉방에서 잤다. 그것은 독도의 기름은 울릉도에서 갖고 오기 때문에 기름값이 비싸고, 또 제때 구하기가 쉽지 않기 때문이다. 모든 것이 울릉도에서 싣고 가기 때문에 절약할 수밖에 없었다. 그래서 최종덕은 배에서 잘려나온 나일론 밧줄이 독도에 떠내려 온 것을 주워 불을 피워 해녀들이 자는 아랫목만 따뜻하게 해주었다. 해녀들은 바다 속에서 일하기 때문에 몸을 따뜻

〈사진 26〉 해녀 고순자

〈사진 27〉 해녀 고순자

하게 해주려는 최종덕의 배려에서 나온 행동이다.

　제주 해녀 고순자는 1973년부터 1991년까지 독도에서 조업을 했다. 독도 최초 주민 최종덕은 당시 제주까지 가서 직접 해녀를 모집했는데, 그때의 인연으로 최종덕의 덕진호에서 13년간 작업을 했다. 이후 최종덕의 사위 조준기와 1991년까지 독도에서 조업을 했으며, 일시적이지만 1984년과 1987년 두 차례나 독도로 주민등록을 옮기기까지 했다. 당시의 노임은 작업 후 생산량의 30%를 나누어 가지는 것으로 대신했다.[31] 사공은 15%의 몫을 차지하나 식비를 제하였다. 그렇지만 제주 해녀 고순자는 1973년에 첫 독도에 들어갔을 때 최종덕이 150만 원을 주겠다고 하여, 갔다고 증언하고 있다.

　제주 해녀 고순자는 겨울철에는 한달에 한 7일 아니면 8일 작업을 하였다고 회고한다. 그리고 최종덕이 죽고난 후 최경숙의 어머니

〈사진 28〉 작업 후 귀가 모습(좌)과 해녀 작업 후 휴식 사진(우)

〈사진 29〉 미역 채취하는 해녀를 배로 올리는 최종덕

가 한 2~3년 해달라고 사정을 해서 88년까지 독도에서 물질을 하였다. 〈사진 28, 29〉는 최종덕이 제주해녀들의 작업을 돕고 있는 사진들이다.

최종덕은 처음 가족을 두고 독도에 살았고, 뒤에는 딸 최경숙을 독도로 데려가 살았지만 그의 아내는 독도에서 같이 있을 수 없었다. 그 이유는 독도에 보내는 식량을 조달하는 역할을 맡았기 때문이다. 울릉도에서 일주일, 혹은 한달에 한번 계속 부식을 조달하는 역할로 인해 최경숙의 어머니가 하는 일은 너무도 많았다. 독도에서 보내온 빨래감, 해녀들의 빨래감까지 빨아 말려서 독도에 고기 잡으러 가는 배를 저동 등에서 수소문하여 새벽같이 빨래한 것과 부식 등을 부쳐야만 하였다. 심지어는 남편 최종덕이 부탁한 물건을 조달하기 위해 후포 등의 육지로 가서 구해서 조달하였다. 또 남편 최종덕이 보내온 문어, 소라, 전복을 보냈다고 하면 그것을 받아 팔아야만 하였다. 최경숙은 어린 시절부터 자기 어머니가 고생하는 것을 보았기 때문에 자기 엄마처럼 살지 않겠다는 결심까지할 정도였다.

독도에서 생산한 미역과 문어는 돈이 안 되었다고 최경숙은 다음과 같이 증언하고 있다.

미역하고 문어는 돈이 안 됐어요 솔직히. 문어를 잡은 것은 전복을 더 많이 양식을 많이 하기 위해서 문어를 잡아야 했는거고. 문어가 너무 많다 보니깐 삶아서 염장식으로 했고, 해삼 자체도 그 상태로 바로바로 팔려고 하면은 못하니까 독도에서 삶아요. 해삼을 삶아갖고 염장처리를 하고, 소금처리를 해서 해삼탕하는 중국에다가 수출을 했습니다. 우리 독도 수산물은 거의 다 수출한거죠. 독도 홍해삼이 굵고 좋으니까 중국 상인들은 바로 직접 사가지고 갈 정도였죠. 아버지하고 직접 연락을 직접해 사가기도 했습니다. 그런 그 미역은 미역에 관한 에피소드가 있는데 1979년도인가 제가 처음 들어갔을 때 기억이 나요. 그때 그 당시가 미역이 너무너무 많아서 많이 채취할 때인데 염장미역이라고 들어봤을거예요.

삶아 데쳐가지고 소금으로 간해 저장하는 방식을 아버지가 개발을 하시더라구요. 소금값이 그 해 제가 기억하기로는 쌀값하고 맞먹

〈사진 30〉 미역 말리는 최경숙

는 댔어요 그렇게 비쌌던걸로 기억해요. 그런데 이렇게 염장미역을 저장할 때, 미역을 해녀들이 해가오면은 데쳐내는 사람은 인자 장군하고 정군하고 아저씨들 둘이 있었어요. 그 분들이 데쳐내고 나는 거기다가 소금을 간을 쳐갖고 거기다가 굴 속 같은데 저장하고 있었는데 그래놓고 인자 배를 하나 대절해갖고 미역을 건져내 갖고 자루에 담아 염장미역을 아버지가 서울로 갖고 가셨어요. 그 때 몇톤정도가 됐을겁니다. 근데 제가 정확하게 모르겠는데 서울에 갖고 가니까 독도사람이 독도에 산다하니까 촌사람인줄 알고, 서울사람들이 막 먹을라 했던 모양이에요. 그게 그때 처음 아버지가 염장미역 저장법을 알아갖고 하신건데 그 염장미역을 냉동창고에다가 서울에 냉동창고에다가 한달에 얼마씩 보관비를 주고 보관했답니다. 그래 한 그게, 한 2년정도 있었는데 그 냉동 그 미역값이 갑자기 올라가는거에요. 그 냉동창고에서 아버지가 미역을 줄라하니깐 그 사람이 아버지를 얏잡아 보고 글쎄 냉동창고에 보관할 때 서류상으로 받은 것이 없고 구두로만 말을 했기 때문에 뭐 각서 쓰고 이게 없었답니다. 그 미역을 받은 적이 없다 이래 드래요. 그래서 아버지께서 기가 차더랍니다. 이게 내가 촌사람이라고 이것들이 사기를 칠라고 하는구나. 생각이 퍼떡 들드래요 그래

서, 그래요? 그래 하면서 아버지가 그냥 대구집으로 와서 녹음기를 하나 사갖고 그 사람을 만나러 갔대요. 어리숙하게 해갖고. 그래 내가 당신네들한테 뭐 받은것도 없고 하지만은 내 미역은 여기에 있지 않냐? 있는데 당신 양심을 속이지 마라. 그러니까 그 저기 사기꾼들이 하는 말이 미역을 받은거는 맞지만은 증거가 어딨냐 증거가 없으니까 우리는 모른다. 그 염장미역을 받았던 증거를 갖고 오라. 우리는 미역을 받은 적도 없고 없다. 이렇게 말을 돌리드랍니다. 그런 사람들이 아부지가 이제 유도심문을 해가 그기 미역을 울 아부지가 너거 냉동 창고에 미역을 넣었다는 그 말을 인자 녹음기에다가 실을 수 있게 유도를 했는 모양이에요. 그거를 다 녹음을 해놓고는, 그래놓고 알았다고 하고 일어 서면서, 나는 인제 이 길로 검찰이나, 경찰서 가겠다 그러니까 뭔 뜻인지 몰라가 그 사람들이 뻔히 아버지를 쳐다보더래요. 그러니까 앞 주머니속에서 녹음기를 소형 녹음기를 끄잡아내가 당신네들이 말했는거 내가 녹음기에 담았다하니까 그 사람들이 앉아서 살살 빌더래요. 그래갖고 그거를 인자 다 찾아서 팔고는 앞으로는 서울놈들 안믿는다고 아버지가 그때부터 그랬어요… 그 염장미역해가지고 아버지가 너무너무 많이 고생을 하시고 그 때 진짜 우리집 한 채 값은 날렸다 하더라고요. 엄마가. 그때 그 어려울때 내가 기억하기는 진짜 아버지도 어려웠었고 그치만 우리 엄마만큼 고생하고 사셨던 분은 없다고 생각해요. 아버지의 그 내조 모든 거를 다 해주면서 엄마의 그 노력이 없었다면은 힘들었다고 생각이 들구요.

해방 이후 독도에는 미역을 하기 위해 많이 들어갔다. 그렇지만 최경숙의 증언에 의하면 미역은 돈이 별반 되지 않았다고 한다.

미역은 같은 종류이더라도 자라는 환경에 따라 그 형태가 달라진다. 가새미역은 물살이 빠른 곳에서 주로 자란다. 가장자리가 갈라진 것은 힘을 거스리지 않고 빠른 물살을 버텨내기 위한 전략이라고 한다. 동해안에 나는 미역은 주로 홀쭉하고 가장자리가 깃 모양으로 갈라지는 반면, 남해나 제주에서 나는 미역은 가장자리가 밋밋한 경우가 많은 것은 이 때문이다. 혹자는 이것을 수온차이로 설명하기도 한다.

미역은 자라는 환경에 따라 그 형태가 다르기는 하지만 미역의 일생은 매우 짧다. 지방에 따라 정도의 차이가 있지만 대체로 가을에서 겨울 동안에 걸쳐 자라고, 여름이 깊어지면 덧없이 녹아 없어져버린다. 미역이 죽기 전에 자손을 만들기 위해 미역귀를 남긴다.[32] 이런 미역의 속성 때문에 미역을 캐러 독도에 들어간 사람들은 대부분 2, 3월~5, 6월, 늦으면 7월 초까지 독도에 한 철 들어갔다. 그들과 달리 최종덕은 10월에서 이듬해 7월 초까지 독도에 머물렀다. 그 혹한의 계절에 독도에 있었던 것은 아마 보다 더 많은 해산물 채취를 위한 노력 때문이었을 것이다. 또 일시에 잡은 미역의 상품가치를 높이기 위해 염장미역을 만들기까지 하였다. 그것으로 인해 코 베어가는 서울의 냉동창고업자에게 당하기도 하는 일을 겪기도 하였다. 이 에피소드를 통해 돈이 되지 않은 미역의 상품성을 높이기 위한 최종덕의 노력을 엿볼 수 있다.

문어도 원래 돈이 되지 않았다. 돈 되지 않은 문어를 잡은 이유는 무엇일까? 최종덕은 문어가 전복을 잡아먹기 때문이라는 것을 간파하였다. 그는 전복을 보다 많이 양식하기 위해 돈 되지 않은

〈사진 31〉 전복을 양식하는 해녀의 모습

문어를 잡을 수밖에 없었다. 최종덕은 독도에서 주민이 생활을 하려면 무엇보다도 생계가 가장 우선이라 생각하였다. 그 첩경은 전복양식업의 성공이라고 여겼고, 전복에서 진주를 캐려고 하였다. 그런 이유 때문에 문어를 잡았다.

진주를 만드는 조개류는 매우 많으나 일반적으로 널리 알려진 것 중 민물산 진주조개로서는 대칭이, 펄조개 등이 있으며, 바다산으로 진주를 만드는 조개로는 전복, 진주조개, 왕진주조개, 흡엽조개, 백엽조개 등이 있다. 전복의 경우 제대로 자라기 위해서는 수온이 7도에서 28도 사이를 유지해야 하고, 담수의 영향을 받지 않아 일정한 염도를 유지하여야만 한다. 그런 조건보다도 중요한 것은 전복의 먹이인 미역과 다시마가 잘 자라야 한다. 독도의 미역은 유명했다. 그것을 안 최종덕은 독도가 전복 양식을 하기 위한 최적지로 생각하였을 것이다. 당연히 독도에 들어간 그는 독도에서 생활하는 동안 전복 양식에 심혈을 기울였다. 그는 전복에서 진주를 캐기 위해 서해안까지 답사하였다. 최경숙의 회고담에 의하면,

한번은 아버지께서 서해안 어디 갔다가 여름에 갔다 오시디만은 올해는 독도 가서 전복 진주 양식을 해야 되겠다 하시면서, 근데 양식에 실패했는 이유가 전복에다가 상처를 내더니만, 전복 살점을 꾹 뚫어가지고 그 뭐 넣드만은 독도는 바다가 넓으니까 전복 두 마리를 한 마리씩 끈을 묶어서 나이론 끈… 끈으로 묶어놔가꼬 그라고 전복이 즈그가 일렬로 맞차가 가는게 아니자나요, 지는 일로 갈라, 그러고 한놈은 일로 갈라 그러고 그러이끼네 두 마리다 죽어 있드레요. 해녀가 나중에 확인해 들어가 보고 또 얼마동안 있다가 들어가 보고 하면 한 마리는 죽어가 더르르를 하고 있고 한 마리는 어디 가고 없고 그러이 실패를 했어. 왜냐허믄 이게 어느 공간 물속에다가 놓아 놓고 실험을 해야 되는데 넓은 바다에 풀어 놓으니까 줄로 묶어 놓으면 안되는 거잖아요. 그래가지고.

최종덕은 서해안 지역까지 답사하여 자신이 전복 양식이 실패한 이유가 전복에 상처내는 방법이 잘못 되었다는 것을 깨닫고 전복에서 상처내는 법까지 배워 전복 진주양식을 시도하였다. 그렇지만 서해와 동해의 바다조건은 다를 수밖에 없어서 또 실패하였다. 그런 실패에도 굴하지 않고 끊임없이 시험하면서 산중턱에 수중창고를 만들어 전복 저장법을 개발하고 전복 수정법까지 고안하고 특수어망을 만들었다.

〈사진 32〉 채취한 전복을 바라보고 있는 최종덕

서도 집 앞의 전복양식장과 저장을 위한 장소에서 채취한 전복을 바라보고 있는 최종덕의 모습(〈사진 32〉)은 전복양식을 어떻게 성공적으로 마무리할 수 있을까를 생각하는 모습일 것이다.

최종덕은 끊임없이 사고하면서 보다 나은 삶을 영위하기 위한 실험을 끊임없이 해나갔다. 독도에서 잡은 문어나 해삼 등은 생물로 판로를 개척할 수가 없었기 때문에 염장을 하였고, 미역도 염장미역을 만들었다. 그 덕에 해삼의 경우 독도의 해삼이 홍해삼이고 굵어서 해삼탕하는 중국에 수출까지 할 정도였다. 독도 해삼을 서울에 갖고 가면 독도 해삼만을 받는 전문적인 중국 아저씨가 다 사갔다고 최경숙은 진술하고 있다.

물골과의 반대인 덕골에서 살았기 때문에 유일한 샘물이 있는 물골에 물을 길러가는 것이 가장 어려운 문제였다. 물골에서의 식수의 조달, 빨래와 목욕 등에 관해 최경숙은 다음과 같이 말한다.

제일 독도에서 시급한거 물인데 물골에서 집에까지 물을 길러 올때는 파도가 잔잔한 날 진짜 호수 같은 날을 계기로 해가꼬, 그때 인자 물골에서 배에 호수를 연결을 해서 배에 실어가꼬, 우리 배에서 물골에서 또 집 앞에까지 서도 지금 덕골 있는데 그 집 앞에까지 와가꼬 전부다 호수로 해서 물탱크에 다시 옮겨다 담는 그거를 하루종일 하는데 인자 물탱크 하나 가득차면은 그 한해 여름 철까지 유월달까지 육칠월달 작업 끝날 때 까지 그 물탱크에 물을 가득한 그 물로 인자 식수만 하는 거지. 쌀도 바닷물에 씻어가꼬. 거기 인자 민물에 한번 행궈서 밥을 안치고. 그렇기 때문에 그 민물로 세수를 하고 목욕을 한다던지 그거는 상상 할 수도 없었고.

목욕하고 싶으면은 물골에 파도가 센날 작업 못하는 날 아저씨들하고 해녀 아줌마들하고 같이 산넘어 물골까지 가서 빨래 씻고 목욕하고, 그래가꼬 올라오면은 요앞에 글로 흙이기 때문에 목욕을 다하고 올러오면 다시 온몸이 흙투성이가 되어서 다시 또 집에 오고, 그런게 인제 반복이 되어도 물골에 목욕하고 가는 날은 완전 소풍가는 것처럼 도시락을 다 싸서 가는데 갔다가 다시 집에 돌아오면 흙투성이가 되가 돌아오고, 그리고 이제 올라오다가 서도 만디 꼭두바위에서 거기서 토끼 잡아가꼬 두세마리 잡아서 집에 가꼬 내려오면은 토끼도리탕 해먹고, 그게 유일하게 독도에서 먹는 육고기 흔히 말해서 닭도리탕 식으로 토끼도리탕을 해가 먹는거고.

덕골에 이사한 후 물탱크를 만들어 파도가 잔잔한 날, 호수 같은 날에 물골에 가서 물을 배에 실어 덕골로 돌아와 배에서 호스를 물탱크에 연결하여 옮긴다. 하루 종일 일하여 물탱크가 가득 차면 그 한 해 여름, 작업이 끝날 때까지 식수로만 사용한다. 쌀도 바닷물에 씻어 마지막으로 민물에 한번 담구어 밥을 한다. 빨래를 하거나 목욕하려면 물골로 넘어가서 할 수 밖에 없는 상황을 잘 묘사하고 있다.

최종덕은 결국 물골과 숙소 사이에 간이상수도를 연결한다. 물골에서 시작된 수로를 산위로 당겨 숙소까지 연결한 것이다. 당시 경상북도지사가 독도를 방문하여 수돗물을 틀어보고 '당신이 했느냐?'라고 물으니, '예, 산을 넘어서 했다'는 그의 응답을 들을 수 있었다고 한다.

본격적인 독도 생활이 시작되면서 그는 숙소 앞 해안에 어선이 닿을 수 있는 선착장도 만들었다. 정착 생활이 안정되기 시작하면서 보다 전문화된 어업활동을 위해 다양한 시설을 설치하고, 시도하였다. 냉동 창고, 수중창고, 문어건조장 등을 만들고, 특수어망을 개발하고, 자연산 전복을 양식하는 등 개인이 하기에는 놀라운 일들을 해내기 시작한다.[33]

제주 해녀 김공자가 "독도 바다는 처음 최종덕이가 개발했지"라고 단정적으로 말할 수 있었던 것은[34] 그의 노력으로 인해 독도에서 주민이 살 수 있는 기반을 갖추었기 때문이다.

독도에 가장 먼저 정착하여 독도의 사정을 누구보다 잘 알고 있던 최종덕은 본인만의 감각과 기술을 활용해 여러 사람의 독도 생활을 편리하게 했다. 독도경비대의 교대시간을 좌우했다거나 동도와 서도의 전화선을 연결했다는 일화는 그만이 할 수 있었던 일이 아닌가 싶다.

최종덕은 독도의 기상과 환경에 대한 해박한 지식을 갖고 있었다. 그는 독도의 기상을 알기 위해 일본의 기상 방송을 청취하였다. 그런 위에 체득한 자신의 동물적 감각을 통해 바람이 어디까지 왔고, 며칠 되면 파도가 셀 것이라는 등의 예측을 할 수 있었다. 그런 지식을 갖고 있었기 때문에 독도에서 물질을 하던 해녀들은 최종덕을 믿고 조업할 수 있었고, 다른 사람이 키를 잡으면 불안하다고 말하기도 했다.

그는 당시 독도경비대의 교대시간 결정에 중요한 영향력을 미쳤다. 예전에는 기상장비가 그리 좋지 못했던 터라 물살과 바람에 대한 최종덕의 동물적 감각이 오히려 더 정확할 때가 많았다. 독도경

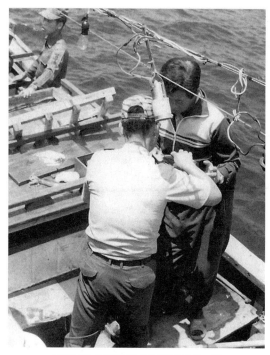
〈사진 33〉 동도의 독도경비대원과의 교류

비대는 배를 댈 수 있는 시간, 때와 날짜 등에 대한 조언을 항상 그에게 물었고, 대부분 정확했다고 한다. 독도경비대의 교대시간을 좌우할 수 있는 최종덕의 직감으로 인해 당시 독도경비대도 그에게 의지하였다고 한다.

독도경비대가 한 달에 한 번씩 교체를 할 때 큰 경비정이 먼 바다에 서 있으면 최종덕이 덕진호를 몰고가서 경비대의 교체와 부식 수송을 하는데 도움을 주었다. 당시 울릉도 경찰서 사람들이나 해안경찰대 사람들이 최종덕을 국가유공자로까지 칭할 만큼 큰 역할을 하였다고 최경숙은 회고하고 있다.

동도와 서도 사이의 전화선 연결에 대한 이야기는 그의 재기와 기술을 엿보이게 한다. 당시는 동도와 서도 사이에 별다른 연락망이 구축되어 있지 않아, 시급한 일이 발생해도 빠르게 연락할 수 있는 방편이 없었다. 이에 최종덕은 전화선을 연결해야겠다는 생각을 하고, 양 섬 사이에 강철선을 설치, 거기에 삐삐선을 매달아 두 섬 사이에 통화가 가능하도록 했다. 배를 타고 가야만 연락할 수 있었던 두 섬에 전화가 개통되던 날, 동도의 경찰과 서도의 어민들의 환호는 대단했다. 독도경비대와 해녀들은 '최종덕이 아니면 할 수 없는 일'로 기억하고 있다.

이외에도 독도에서 이루어지는 크고 작은 공사에 그는 대부분 참여하여 보다 손쉽게 다른 사람들이 독도에 적응하도록 기여했다. 동도의 헬리콥터 착륙장 공사, 물탱크 공사, 계단 공사 등이 그것이다.

울릉경비대장을 지냈던 남영만(지금 대구 범어동 거주)의 경우 1972년 10월에서부터 2003년까지 울릉도와 독도에 드나들었다. 그는 "최종덕이 지금까지 살아 계셨으면 영웅이 되었지"라고 한다. 독도경비대는 마음적으로 불안할 때 최종덕으로 인해 도움을 받았다고 한다. 독도경비대의 부식이 떨어지면 그가 먼저 알고 고기를 잡아 갖고 왔고, 독도경비대 교체 때 10톤 짜리 목선으로 울릉도에서 독도로 경비대원을 교체하러 가면 접안시설이 없어 암벽에 접안해야만 하는 상황에서 최종덕이 1.5톤 짜리 목선으로 하역해주었다고 한다. 그것을 회상하면서 "그때는 그게 대단한 건지 몰랐지만 지금 생각하면 독도경비대원들에게 엄청남 지원이었다"고 한다. 남영만은 독도에서의 온갖 공사에 최종덕이 한 역할을 열거하면서 "그 사람이 머리가 엄청 좋다"고 연신 감탄하는 말을 하였다. "최종덕이 독도에서 자기 돈을 벌었겠지만 그 사람이 살았기 때문에 실효적 지배가 이어지게 되었다"고 의미를 부여하였다. 실효적 지배가 가능하였다는 점에서 국가에서 예우를 해주어야만 하는데 죽었다고 하여 그냥 아무런 예우도 해주지 않는다고 비판을 하기도 하였다.

〈사진 34〉 누군가에 훼손된 최종덕 기념비

남영만의 기대와는 달리 독도에는 최종덕의 흔적만 희미하게 남아 있을 뿐 그를 기리는 기념비 하나 없다. 독도최종덕기념사업회는 2008년 독도에 최종덕을 기념하는 비석을 설치하기 위해 문화

〈사진 35〉 최경숙과 최종덕기념사업회 관계자들이 비석을 바다에 빠뜨리는 모습

재청에 형상변경 허가를 신청했다. 그렇지만 문화재위원회 측은 "비석 크기가 커서 독도의 자연환경 등을 훼손할 우려가 있다"며 허가하지 않았다. 이에 독도최종덕기념사업회는 작년 6월 독도 현장에서 기념행사를 개최하면서 서도 한쪽에 있는 문어건조장터에 가로 20㎝, 세로 30㎝ 규모의 작은 비석을 놓아두었다. 그 비석은 누군가에 의해 훼손되었고, 울릉군은 "독도 전체가 천연기념물 제336호이기 때문에 문화재청의 형상변경 허가를 받지 않으면 원형대로 상태를 보존해야 한다"며 "허가 없이 설치된 시설물을 그대로 둘 수 없다"고 하여 철거를 요구하였다. 결국 최경숙과 기념사업회 측은 2011년 6월 16일부터 18일까지 울릉도와 독도에서 진행된 '제2회 독도 최초 주민 삶의 현장' 행사를 진행하면서 옛 문어건조장터에 놓아두었던 비석을 독도 앞바다에 던졌다. 그게 현실이다.

7. 최종덕 가족들의 독도 이야기

최종덕은 독도가 주민공간으로 어느 정도 모양새가 갖추어지자 가족들과 함께 독도생활을 시도한다. 특히 딸 최경숙은 유년기뿐만 아니라, 결혼 후 그녀의 가족과 함께 독도생활을 했다. 최경숙의 기억 속에 독도는 무료하지만, 신선하고, 지루하지만 즐거운 곳이었다. 그녀는 한 발표회장[35]에서 독도에서의 기억나는 생활을 묻는 대학생의 질문에 다음과 같은 에피소드를 들려줬다.

독도에 아버지를 따라 처음 들어갔을 때, 너무 열악해서 힘들면서도 어떻게 아버지는 이런 환경을 이겨내시고 있을까 싶어 정말 존경스러울 정도였습니다. 제가 기억나는 것은 특히 독도는 물이 귀하기 때문에 잘 씻을 수도 없어 항상 지저분하게 있었고, 한번씩 물이라도 머리라도 감으려고 하면 아버지의 불호령이 있었습니다. 당시 비교적 흔했던 괭이 갈매기 알은 정말 좋은 샴푸였습니다. 한 번 씩 그것으로 머리를 감으면, 머릿결이 얼마나 좋았던지, 지금도 기억이 나네요. 그래도 아무것도 갖추어진 것이 없어 하루종일 바닷가에 앉아 있거나 아버지 하는 일을 구경하면서 시간을 보냈던 적이 많아 심심했었던 것 같습니다. 그렇지만, 독도의 바다와 환경은 너무 아름다워 그 기억이 늘 머릿속에 있습니다.

샴푸 대신에 갈매기알을 사용하기도 했지만 삶아 간식으로 활용하기도 했다.

최종덕의 딸인 최경숙은 처녀시절 때부터 독도에 들어왔다. 그

〈사진 36〉 동도 정상에 오른 최경숙

계기에 대해 다음과 같이 회고하고 있다.

　　내가 독도에서 입도한 계기는 18살 때 진짜 내가 철없이 너무 돌아다니고 방황하던 시절이 많았습니다. 그리고 저희 아부지께서 좀 이런 가정사 이런게 많이 문제가 제가 또 그거 하다보니깐 적응을 잘 못하고 맨날 반항을 하니깐 아부지가 좀 안됐던 모양이에요. 그래서 저를, 그때 그 당시에 독도는 반 감옥과 같았죠 뭐. 이 천방지축으로 뛰어드는 나를 인자 데리고 독도에 갔는데 안갈라고 숱하게 도망도 다니다가 결국은 잡혀갖고 한달만 가있자고 갔는게 그때부터 쭉 독도 눌러앉게 되었습니다. 처음 갔는 독도는 진짜 말그대로 정신이 뚝, 그거 안하면은 미쳐버릴거 같은 그 공간이에요. 좁은 공간에서 방 하나에 사람이 선원아저씨, 해녀아줌마들부터 시작해서 8명이 한방에 자고 밑에는 문어잡는 아저씨들하고

〈사진 37〉 가재바위에서 제주 해녀와 함께한 최경숙

하여튼 독도 서도에 근 한 28명정도 사람이 있었어요.

최경숙의 회고에 의하면 가정사 때문에 방황하다가 아버지께서 18세(1981)때 독도에 데리고 들어갔다고 하였다. 그때 독도에 들어간 최경숙은 독도에서 13년간 독도생활을 한 계기가 되었다. 독도에 처음 들어가는 노정을 다음과 같이 회고하고 있다.

> 내가 처음 인자 독도에 갔을 때는 음 그게 뭐지 우리 덕진호를 타고 열시간 아홉시간에서 열시간이 그 때 걸려가꼬 울릉도서 출발해서 독도까지 갔는데 울릉도서 밤에 밤 12시쯤되가 출발을 하면은 독도에 아침에 열시나 이래되가꼬 도착을 했을 때 독도의 모습은 보면은 이런 절벽에 바위같은데 집이 하나 있는거 바닷가에 집이 있는거 그거를 처음에 봤었는거고…

덕진호를 타고 열시간 걸려 독도에 도착하여 서도 절벽에 바위집 같은 집을 처음 봤다고 하였다.

〈사진 36, 37〉은 최종덕의 딸인 최경숙이 독도에서 찍은 사진들이다.

최종덕의 사위이자 최경숙의 남편인 조준기는 해병대 부사관 출신으로 울릉도 예비군 교육대 창설 요원이었다. 그는 울릉도에서 해병대로 활동하면서 부인인 최경숙을 만나게 되었고, 결혼 후 장인인 최종덕을 따라 독도로 들어갔다. 1987년, 최경숙의 가족은 독도로 주민등록을 옮겨 모든 가족이 공식적인 독도의 주민이 되었다.

〈사진 38〉 독도에서 생활하는 조준기(좌)와 독도를 방문한 이상배 경북도지사와 악수를 나누고 있는 조준기와 최종덕(우)

조준기는 1986년 7월 8일 독도에 주소를 옮겨 1994년 3월 강원도로 주소 이전할 때까지 8여 년간을 독도에서 생활했다. 1988년에는 서도에 독도 주민 정착기반 조성공사에 참여하여 독도의 민간인 정주기반시설 구축에도 일조를 했다.

1987년 다이애나 태풍으로 인해 서도의 집은 파괴되었고, 최종덕은 끝내 세상을 뜨고 말았다. 그것을 일구어낸 사람은 최경숙과 조준기였다. 그러한 공사의 모습이 〈사진 39〉에 담겨 있다.

1992년 독도에서의 생활을 접고 강원도로 이주 후에도 독도의 전경과 독도에서 생활한 모습을 담은 사진을 전시하여 우리 땅 독도를 일반인들에게 적극 알리는 등 독도 홍보에 앞장섰다. 2007년

〈사진 39〉 서도 복구 공사 모습

〈사진 40〉 태풍으로 훼손된 서도 건물을 새롭게 조성

12월 4일 행정자치부는 독도 홍보와 독도지킴이로 국내외에 활동한 사실과 독도의 민간인 정주기반시설 구축에도 일조한 조준기의 공로를 인정하여 국민추천 정부포상자로 선정하여 대통령표창을 수여했다.

최경숙의 아들 조강현은 태어날 당시 그의 아버지 조준기가 이미 독도에 주민등록을 옮겼기 때문에 한국인 최초로 독도가 고향인 자가 되었다. 최종덕의 외손자인 그는 비록 울릉도에서 태어났지만, 젖먹이 시절에 독도에 들어가 생활한 경험이 있다. 언론에 소개된 그의 기사를 보면[36], 너무 어렸을 적이었기 때문에 독도에 대한 기억은 거의 없지만, 외할아버지와 아버지의 영향으로 인해 학창시절 '독도 소년'이라는 별명을 얻었다고 한다. 그리고 독도에서 삶의 터전을 일군 가족이 자랑스럽고 그에 대한 자부심이 크다고 했다.

한편, 조강현의 동생인 조한별은 독도에서 태어날 수도 있었다. 아버지 조준기는 조한별의 출산예정일에 맞춰 독도에 들어가기로

〈사진 41〉 조한별 주민등록초본

〈사진 42〉 서도 문어 바위에서 놀고 있는 조한별(1991)

〈사진 43〉 서도 문어건조장에서 물놀이하는 조한별과 조강현, 이를 지켜보는 조갑순

계획하고 준비를 했다. 의료진은 출산일에 맞춰 울릉도에 들어오기로 되어 있었고, 방송국에서도 헬기를 마련해놨다. 그러나 출산 당일, 독도의 기상 악화로 인해 배가 뜨지 못했고, 결국 독도에서의 출산은 성공하지 못했다. 그렇지만 '독도둥이'의 탄생을 알리는 뉴스까지 보도되었다.

비록 독도에서 태어나지 못하였지만 최경숙 부부의 주민등록지가 독도의 주소인 '울릉읍 도동 산 67번지'로서 독도에 주민등록을 갖고 있었기 때문에 조한별은 〈사진 41〉의 주민등록초본에서 확인되듯이 '울릉읍 도동리 산 67번지', 즉 독도에 출생등록이 되었다. 조한별은 최초의 '독도둥이'라고 할 수 있다.

〈사진 43〉에서 보다시피 서도에서 '독도둥이 조한별과 조강현이 물놀이하는 모습을 할머니 조갑순(최종덕의 부인)이 바라보고 있는 모습을 통해 한국과 일본에서 호적을 독도에 두는 것과는 그 의미가 전혀 다른 독도 주민의 삶을 확인할 수 있다.

8. 맺음말

2010년 10월 25일, 대한제국 칙령41호 반포 1010년에 해당하는 날에 독도최종덕기념사업회 주최로 성남시청 세미나실에서 "2010 독도 주민 관련 학술세미나"가 열렸다. 이때 〈독도 최초 주민 고 최종덕의 삶과 생활(유하영)〉과 〈최종덕 독도 거주와 한국 실효지배(제성호)〉의 발표는 최종덕에 관한 전론적 학술발표라는 점에서 큰 의미를 갖는다. 최종덕은 2008년 12월 10일 한국신지식인협회에서 주는 명예 신지식인으로 선정되기도 했지만 그에 대한 전론적 논문 하나 제대로 나오지 못하였다.

유하영은 〈독도 최초 주민 고 최종덕의 삶과 생활〉의 발표에서 '최종덕의 시기별 독도 생활의 연혁'과 '독도 최주 주민 최종덕 및 최경숙의 독도 생활 일수'를 정리하고, 최종덕의 독도에서의 삶을 1960년대 독도 입도기, 1970년대 적응기, 1980년대 정착기로 나누어 정리하였다. 그리고 최종덕의 삶을 철학가이자 사상가, 탐험가이자 개척자, 교육자이자 발명가, 독도수호자로 평가하면서 최종덕의 이상을 첫째, 독도를 보다 살기 편하고 풍요한 섬으로 가꾸기, 둘째, 독도 영토 수호하기, 셋째, 독도 해양환경 지키기로 규정하였다.

또 제성호는 〈최종덕씨의 독도 거주와 한국 실효지배〉의 발표를 통해 실효적 지배와 관련하여 최종덕의 독도 거주 및 활동의 국제법 의미를 다음과 같이 살펴보았다.

최종덕씨 일가의 독도 이주 및 거주를 위한 제반 활동은 독도에 대한 대한민국의 '실효적 지배'를 뒷받침하는 매우 중요한 국제법적 의미를 갖는다고 할 수 있다. 이를 몇 가지로 나누어 살펴보기로 한다.

첫째, 최종덕씨 일가의 주민등록 신청과 이에 대한 정부의 허가 및 주민등록조치는 대한민국 정부의 대인주권(對人主權;領民高權) 행사를 의미한다. 이 같은 대인주권 행사는 어떤 의미에서 보면 정부와 시민(개인)의 협력적 활동의 산물이라 할 수 있는데, 두말할 것도 없이 최종덕씨의 독도 이주 및 거주로 인해 가능하다고 할 것이다.

둘째, 주거지 정비와 식수 확보, 그리고 선착장 건설, 계단공사, 물골샘 공사, 해산물 채취 및 양식사업 등의 활동은 주로 최종덕씨가 독자적으로 판단해 행한 것이었지만, 여기에는 대한민국 정부의 사전 승인 내지 사후 추인 등 국가의 관여가 있었다. 이 점에서 상기 활동은 대한민국의 실효적 지배로 귀결되는 것이라고 하겠다.

전술한 바와 같이 실효적 지배는 평온성, 공연성, 실제성, 충분성, 계속성의 요소를 내포하고 있다. 최종덕씨 일가의 독도 거주 및 관련 활동은 대한민국의 독도 지배와 관련지워 볼 때 그 자체 공연성과 실제성을 충족하는 것일 뿐만 아니라, 충분성 요건의 확대 및 계속성 유지에 이바지하는 것이었다고 볼 수 있다. 다시 말하면 대한민국의 독도 영유권 강화 및 확장 노력에 기여한 행위라고 할 만하다고 할 것이다.

셋째, 최종덕씨 일가의 독도 거주와 주민등록은 하나의 선례가 되어 이후 유사한 후속 조치를 이끌어내는 동력이 됐다. 현재는 1991년 11월 17일 이후부터 김성도 · 김신열씨 부부 1세대 2명이 울릉군 울릉읍 독도리 산20번지에서 어로활동에 종사하며 거주하고 있다. 그 외에 같은 주소지에 거주하였던 주민은 최종찬(1991.6.21~1993.6.7), 김병권(1993.1.6~1994.11.7), 황성운(1993.1.7~1994.12.26), 전상보(1994.10.4~1994.12.18) 씨 등이다.

이후 독도에 호적(본적지)을 옮기는 사람들도 생겨났다. 독도 호적 등재 제1호는 1987년 11월 2일 독도로 호적을 옮긴 송재욱씨 가족 5명이다. 본적지는 울릉군 울릉읍 도동 산67번지(현재는 도동리 산30번지)였다. 1999년 11월까지는 독도에 호적을 등재한 사람은 28명에 불과했다. 하지만 1999년 말 일본 시마네현 주민 일부가 독도에 호적을 등재한 사실이 알려지면서 국내의 시민단체를 중심으로 「범국민 독도 호적 옮기기 운동」이 전개되어, 독도에 호적을 등재하는 사람이 급속하게 늘어나게 되었다.

그 결과 2007년 12월 말 기준으로 613세대 2,015명이 호적에 등재돼 있었다. 그러나 2008년 1월 1일자로 호적부는 폐지되고 가족관계등록부를 대체되어 오늘에 이르고 있다. 이러한 정부와 민간의 협력적 조치는 대한민국 정부의 행정관할권 행사를 의미하는 것으로 결국 한국의 독도에 대한 실효적 지배에 일조하는 것이라고 할 것이다.

그렇지만 이와 같은 규정을 하기 위해서는 최종덕의 독도 거주에 관한 많은 부분들이 전혀 알려지지 않고, 또 정리되어 있지 않았다. 더욱이 최종덕이 1987년 갑작스럽게 죽음으로써 자신의 독도생활을 남긴 기록을 남기지 않았고, 그나마 남은 것마저 유실되었다. 그런 점에서 신문자료와 영상자료, 그리고 최종덕과 관련된 사람들의 증언을 통해 최종덕의 삶을 재구하는 것이 필요하다. 그것을 위해 이 글은 작성되었다. 이 글에 정리된 것과 지금까지의 신문자료와 영상자료, 증언 등을 정리하여 그에 대한 평가가 이루어져야만 한다. 제2부와 3부 등은 그런 목적에 의해 정리된 자료이다.

이 글은 최종덕의 딸 최경숙과 그의 여동생 최말분, 함께 동고동락을 했던 제주해녀 고순자 등의 증언과 신문, 영상자료 등을 통해 작성되었다. 이 글이 나가고 난후 그때 동도에서 독도를 경비했던 독도경비대원, 그리고 최종덕에 인연하여 현재의 독도 주민이 된 김성도 부부의 최종덕에 대한 기억과 평가 등이 이어져 나와야 할 것이다. 아무쪼록 그로 인해 이 책에 대한 면밀한 분석과 비판이 이루어져야 할 것이다. 이 책은 최종덕의 독도에서의 삶을 객관적으로 재현하는 첫 단추를 끼운 셈이다.

또 최종덕은 자신의 글을 남기지 않았지만 그의 딸 최경숙은 꿈 많은 처녀시절에 독도에 들어갔다. 그리고 그곳에서 결혼과 자식을 낳아 길렀다. 그리고 독도에서 육지로 나왔다. 그녀는 현재 독도의 주민으로 남고자 염원한다. 그 노정에 대한 진솔한 고백이 하나의 책으로 엮어진다면 독도가 한국 땅임을 국내외에 인식시켜주는 데 기여할 것이다.

독도는 동도와 서도로 구분된다. 동도와 서도의 차이를 한마디로 구분한다면 동도는 경비구역이고, 서도는 주민구역이다. 독도의 새 주소를 정할 때 그것이 반영되었다면 좋았을 것이다. 독도의 주소를 100여년 전 일제 강점기 때 만들어진 지번 중심의 주소에서 우리가 만든 도로명 주소로 바뀌었다는 점에서 바람직하지만 동도에 '이사부길', 서도에 '안용복길'이 되었다는 점은 아쉽다.

이사부는 우산국을 복속시킨 장군이었기 때문에 경비구역인 동도의 주소가 되었고, 안용복은 흔히들 어부로 알려진 인물이기 때문에 주민구역인 서도의 주소가 되었다고 생각하면 이해됨직 하지만 이사부나 안용복 두 사람이 독도에 얼마만큼 머물렀는가를 생각한다면 굳이 두 사람의 이름을 따야만 했을까? 이사부는 독도에 온 기록이 전혀 없다. 안용복은 『숙종실록』에 의하면 1696년 독도에 와서 일본 어부들을 막대기로 내려치면서 독도가 우리나라 땅임을 말했고, 일본에 가서도 그것을 주장했다. 그런 점에서 안용복은 독도의 주소로 명명될 수 있는 인물이다. 국가의 3대 요소는 영토, 주민, 주권이다. 그런 관점에서 보면 안용복은 독도의 주민이 아니다. 주민공간인 서도의 주소로 '안용복길'을 명명한 것은 아닌 것 같다.

주민숙소에 '안용복길'이란 팻말이 〈사진 42〉에 보인다. 그 주민숙소는 독도의 최초 주민인 최종덕이 독도의 여러 지역을 답사하여 터를 잡아 최초로 주민이 사는 집을 지은 곳이다. 그리고 주민숙소 뒤로 독도에 유일하게 담수(淡水)가 나오는 물골로 넘어가는 998계단이 있다. 그 계단 역시 최종덕이 만들었다. 사전적 의미로서의 '주소'는 "사람이 살고 있는 곳이나 기관, 회사 따위가 자리 잡고 있는 곳을 행정 구역으로 나타낸 이름", 또는 "실질적인 생활의 근거가 되는 장소"이다. 그렇다면 독도에서 처음 집터를 닦아 집을 지었고, 샘물인 물골로 넘어가는 길을 만든 주민의 이름을 따 '최종덕길'이라고 부르는 게 낫지 않을까? 현재의 주민 '김성도'의

〈사진 42〉 안용복길

이름을 따 주소명으로 하는 게 좋지 않을까 하는 생각도 있음직 하다. 그렇지만 지금 살고 있는 인물의 이름을 따 서도의 주소명으로 하는 것은 아닌 것 같다. 김성도, 김신열 부부의 이름은 문패에 이름 새긴 것으로 족하다. 그렇다 하더라고 그가 걸린다면 '물골길'이라고 하는 게 낫지 않을까? 또 경비구역인 동도의 경우도 '이사부길'이라고 하기보다는 '수비대길', 혹은 '경비대길'이나 사람의 이름을 굳이 붙이겠다면 '홍순칠길'이라고 하는 게 낫지 않을까?

국민공모로 독도의 주소명을 선정했다고 하지만 거기에 참여한 사람들 가운데 독도에 가본 사람이 몇 명이었을까? 그리고 동도와 서도의 차이를 정확히 인식한 사람이 몇 명이나 되었을까? 필자가 최종덕에 관한 글을 쓰다보니 지나친 견해를 표출한 것이 아닌가 하는 비판을 생각하면서 이만 끝맺음을 하고자 한다.

김호동(영남대학교 독도연구소 연구교수)

1 유하영,「독도주민 최종덕의 삶과 생애」독도최종덕기념사업회, 2010.10.25, 23~24쪽.

2 제성호,「최종덕 독도 거주와 한국 실효지배」『2010 독도주민관련 학술 세미나』, 독도 최종덕 기념사업회, 성남시청 세마니실, 2010.10.25.

3 「조선일보」1990.3.29, 이규태 코너 '독도의 나무'.

4 〈표 1, 2〉는 유하영,「독도주민 최종덕의 삶과 생애」독도최종덕기념사업회, 2010 독도주민 관련학술세미나자료집, 2010.10.25, 23~24쪽에서 정리한 것을 전재하였다.

5 최종덕의 독도활동에 대해서는「울릉도·독도의 인류학적 보고」(한상복, 이기욱, 한국자연환경보전협회 종합보고서, 2005)에서 "기록에 의하면, 당시 울릉도 주민 최종덕씨는 독도의 해초 및 채취권을 얻어 15년 동안 미역, 전복, 소라 등을 채취하였고 양식 사업을 하기 위해 서도의 해안에 세 채의 움막을 짓고 생활하였다고 한다. 이곳에서 동력선 1척, 무동력선 2척을 소유하면서 사공 2명과 해녀 1명을 고용하여 본인과 딸(최경숙씨, 당시 19세) 모두 5명이 기거하였다. 최종덕씨는 제주 해녀 김정순씨(당시 46세)를 직접 고용하였는데, 그녀는 독도 해안의 미역과 패류를 채취하였으며 한 겨울 파도가 센 2~3개월을 제외하고서 연중작업을 하였다고 한다."고 하였다. 그렇지만 최종덕은 7~8월을 제외한 연중 10개월 정도 독도에서 작업을 하였다.

6 이 증언은 최종덕의 동생인 최말분에게 2012년 2월 10일에 최경숙이 전화 통화를 하면서 이루어진 증언이다. 오랜 세월의 흔적 때문에 정확하지 않을 가능성이 많다.

7 유하영,「독도주민 최종덕의 삶과 생애」, 독도최종덕기념사업회, 『2010 독도주민 관련 학술세미나자료집』, 성남시청, 2010.10.25, 15쪽.

8 제성호,「최종덕씨의 독도 거주와 한국의 실효적 지배」, 독도최종덕기념사업회, 『2010 독도주민 관련 학술세미나자료집』, 성남시청, 2010.10.25, 32쪽.

9 제성호, 앞의 글, 32쪽.

10 유하영, 앞의 글, 15쪽.

11 박성용,『독도울릉도 사람들의 생활공간과 사회조직 연구』, 경인문화사, 2008, 61~65쪽.

12 독도의용수비대원인 정원도의 증언은 2009년 3월 21일에 여수경, 필자 등이 참가하여 이루어진 것이다.

13 유하영, 앞의 글, 23쪽.

14 도동어촌계 내부자료 인용.

15 葛生修亮,「韓國沿海事情」『黑龍』제1권 제2호, 1901, 13쪽 ; 葛生修亮,『韓海通漁指針』, 黑龍會, 1903, 123~124쪽

16 신용하 편저,「戰艦新高行動日誌」『독도 영유권 자료의 탐구』3, 독도연구보전협회, 2000, 186·193쪽.

17 조병욱·윤숙·이병대·송원경·황재홍·추창오,『지리공학회회지』제21권 2호, 2011.6, 127~128쪽.

18 좌혜경·권미선,「독도 출가해녀와 해녀 항일」『제주해녀의 재조명』제주해녀 학술심포지움자료모음집, 해녀박물관, 2011, 271쪽.

19 좌혜경·권미선, 위의 글, 275~276쪽.

20 좌혜경·권미선, 위의 글 278쪽.

21 좌혜경·권미선,「독도 출가 해녀와 해녀 항일」『제주해녀의 재조명』해녀박물관, 2011, 277~278쪽.

22 한국외대 박창희 교수의 증언 및 「한국경제신문」1987년 8월 기사 : 유하영의 앞의 글, 15쪽에서 재인용.

23 『竹島紀事』元祿 9年(1696) 1月 28日條

및 『日本海內竹島外一島地積編纂方伺』
明治 10년(1877) 3월 17일, 〔부속문서〕
제1호, 元祿 9년 정월 28일.

24 『公文類聚』第29編 卷1.

25 『朝鮮水路誌』제2 개정판, 453쪽.

26 이태원, 『현산어보를 찾아서』 2, 청람미
디어, 2002, 211~212쪽.

27 그렇지만 1987년의 태풍으로 인해 서도
의 건조장과 주거시설이 풍비박산이 났
고, 그 복구 장비 구입을 위해 대구로 나
갔던 최종덕은 울릉도로 돌아오는 길에
포항에서 세상을 떠나버렸다.

28 유하영, 앞의 글 17쪽.

29 1982년 11월 5일 순직한 2명의 독도경
비대원은 다음과 같다. 故 경위 주재원은
1972년 12월 28일 순경으로 임명 경찰
에 투신, 1980년 11월 17일 경사로 승진,
동년 11월 22일 울릉경찰서 전입, 1982
년 10월 26일 독도경비대장으로 근무중
1982년 11월 5일 11시 30분 순직하였고,
수경 권오광은 1981년 3월 20일 전투경
찰 순경요원으로 임명되어 1982년 10월
17일 울릉경찰서 전입. 1982년 10월 26
일 독도경비대 근무중 1982년 11월 5일
13시 30분 독도에서 순직하였다.

30 좌혜경 · 권미선, 「독도 출가 해녀와 해녀
항일」『제주해녀의 재조명』 해녀박물관,
2011, 277~278쪽.

31 한상복 · 이기욱, 「울릉도 · 독도의 인류
학적 보고」, 울릉도 및 독도 종합 학술 조
사 보고서, 『한국자연보존협회조사보고
서』 19집, 한국자연보존협회, 1987, 283
쪽.

32 이태원, 『현산어보를 찾아서』 2, 청람미
디어, 2002, 228~229쪽.

33 경상북도, 『독도를 지킨 사람들』 2009,
201쪽.

34 좌혜경 · 권미선, 「독도 출가해녀와 해녀
항일」 277쪽.

35 2009년 3월 10일 경일대 부동산지적학
과 '독도론' 개설 3주년 기념, 「독도사랑
가족 초청및 독도수호와 여성의 역할에
대한 토론회」

36 2005년 3월 18일 연합뉴스.

제2부
독도 영상 및 녹음 자료

최경숙의 최종덕에 대한 증언 자료

최경숙의 아버지 최종덕에 대한 증언은 2012년 2월 고모 최말분 (1937년생)과의 전화통화를 통해 가족 이력에 대한 여러 가지 이야기를 듣고, 또 자유로이 아버지 최종덕의 독도에서의 삶에 대한 기억과 자신의 독도에서의 삶의 기억을 생각나는대로 녹음한 것이다.

1. 최경숙과 고모와의 전화 통화 녹취

최경숙 : 고모. 나 저 거기 할아버지….

고모 : 응.

최경숙 : 거기… 할아버지 이름이 최인중씨잖아요.

고모 : 응.

최경숙 : 할아버지. 아부지도 그 때 울릉도 사셨어요? 그래 고모 할아버지도 울릉도 사셨어?

고모 : 그런데.

고모 : 예.

고모 : 할아버지가.

최경숙 : 예.

고모 : 옛날에 경산에 사셨어.

최경숙 : 예. 경산에 사시다가 할아버지가 언제 울릉도 가셨는데?

고모 : 울릉도 계시다가 또 아. 저 경산 사시다가 할아버지가 저기
　　　에 덕천 세원에 있었잖아. 직장생활 했잖아.

최경숙 : 예. 선생님 하셨다메~예.

고모 : 어?

최경숙 : 선생님. 예.

고모 : 평양에서 살고 저기에 직장댕기내까 그랬지.

최경숙 : 교편잡으셨다고?

고모 : 용산에….

최경숙 : 어, 그라믄 아버지는 언제 울릉도 가셨는데? 우리 아버지.
　　　여보세요?

고모 : 어?

최경숙 : 고모 아버지가 울릉도. 출생지가 울릉도로 되어있더라
　　　고…. 보니깐. 호적등본 그거를 띠니까. 우리 아버지 말이
　　　죠.

고모 : 그때 그래 했을거야. 해가지고 거서 해가지고. 저 할아버지
　　　가 학교댕기고 여 저기 저기에 울릉도서 살았었어. 그때….

최경숙 : 아, 선생님하실 때 울릉도서 교편생활 하셨다하대요.

고모 : 울릉도서는 해방되고 했고.

최경숙 : 예. 그럼.

고모 : 저기에….

최경숙 : 응.

고모 : 울릉도서는 해방되고 임명장 받았는데 그냥 조금 한달이나 했나? 안했지?

최경숙 : 응.

고모 : 그리고 저기에 경산에서 교편생활 오래 했어.

최경숙 : 경산에서 할아버지가?

고모 : 응.

최경숙 : 아, 그람 우리 아버지는 어릴 때 아부지는 울릉도 살았었네요?

고모 : 그때가 보자. 너거 아버지가 옛날에 거서 다 살았어.

최경숙 : 울릉도?

고모 : 어.

최경숙 : 아….

고모 : 거서 살다가 할아버지는 인자 개화되어 공부하러 나올 때 나오고 선생질하러 나오다가 그 일하다 보이 그래갖고, 그래된 거야.

최경숙 : 그람 우리 아버지도 울릉도에 독도, 어 갈 때 고모는 기억 안 나죠? 우리 아버지….

고모 : 왜 그 때 저기에 6.25때 갔는데. 6.25 전쟁 때.

최경숙 : 전쟁 때 아버지. 6.25 전쟁 때 아버지 독도 다니셨는교.

고모 : 긍께.

최경숙 : 울릉도.

고모 : 그 후에.

최경숙 : 아, 그 후에….

고모 : 독도는 좀 있다가….

최경숙 : 아.

고모 : 그러니끼엔 60년도…. 60년도 말경에….

최경숙 : 아이지. 육십. 아버지 처음 독도 들어갔을 때는 62년도에 들어갔고.

고모 : 그래.

최경숙 : 59년도 말경에 들어갔어? 6.25전쟁 끝나고….

고모 : 그렇지.

최경숙 : 응.

고모 : 그때 들어가가 그 때 경비할 때 너거 외삼촌 있잖아. 홍수.

최경숙 : 예예. 조홍수 아재예.

고모 : 홍수가 스물 몇 살 땐데.

최경숙 : 아 그때 그 아재 그 군인 순경 할 때다.

고모 : 순경할 때 두 살?

최경숙 : 순경. 순사. 순사 할 때.

고모 : 그 때 독도 경비 했잖아.

최경숙 : 예예예. 독도.

고모 : 독도 경비 했잖아.

최경숙 : 독도경비대에 순경으로 있을 때 아버지 그 때 가셨다고 하대. 그라므는 그 자체에 독도 미역방구하러 갔었네. 그 때도 덕진호가 있었나?

고모 : 어?

최경숙 : 아버지 독도 들어갈 때도 덕진호가 있었어요?

고모 : 아버지 배를. 그때 맹글었잖아. 진짜는. 배를 만들었는걸 샀

을거야. 그 때.

최경숙 : 아…. 덕진호를….

고모 : 덕진호는 아버지 배 아이가.

최경숙 : 예. 아버지 배. 이게 독도 들어가기 전에 하마 있었어요?
　　　　 울릉도서도 뭐 작업했지요? 아버지가.

고모 : 독도 처음에 들어갈 때는 덕진호보다 아마 쪼매한 배 있었을
　　　　 끼야.

최경숙 : 덕진호보다 더 작은 거?

고모 : 응.

최경숙 : 아…….

고모 : 쪼매한 거 독탁독탁 띈다 했거든? 그 때….

최경숙 : 아, 예예.

고모 : 그러니까.

최경숙 : 예에.

고모 : 그 때 쪼매한 배 타고 다니다가 덕진호를 했어.

최경숙 : 아, 아버지가 울릉도에서는 그 때 약초밭 했다 그라던데
　　　　 고모 알고 있어요?

고모 : 어?

최경숙 : 해녀작업 하면서 독도 한번씩 왔다갔다 하면서도 울릉도
　　　　 에서도 약초밭….

고모 : 아이구. 약초밭할 때는 그 때는 오래 됐다만도. 그 때도 독도
　　　　 는 했다 겨울철에 하고 여름에는 거 깔따구 땜에 몬한단다.

최경숙 : 예예예.

고모 : 응? 독도에 깔따구 때문에 못해가지고 저. 저기 여름에 농사

있잖아.

최경숙 : 예예.

고모 : 저기 박하도 하고 온갖거 다했다 오빠가.

최경숙 : 아, 울릉도에서요?

고모 : 그래.

최경숙 : 천궁, 박하 이런거, 이런거 재배했다 이거네.

고모 : 천궁은 안 했어. 천궁. 참 천궁도 했다 나중에 장사했다. 천
       궁은.

최경숙 : 아.

고모 : 천궁은 거서 받아와가 여기 가와가지고 약 거. 저기에 약방
       골목에 갔다 팔고 했지.

최경숙 : 아.

고모 : 너거 오빠. 너거 아버지 안 한거 없다.

최경숙 : 아, 그러며는 그때 우리 할아부지 때부터 울릉도 들어오셨
       네. 그 윗대 할아버지도 울릉도 들어오셨는교? 고모, 고모
       할아버지, 아버지 할아버지.

고모 : 할아버지가 여서 살으셨거등?

최경숙 : 예. 아, 그 할아버지.

고모 : 경산에서 살으셨어. 할아버지가. 니 아버지 말로는 할아버
       지. 작은 동생이 그 술장사 했나봐 옛날에.

최경숙 : 예.

고모 : 그런데 할아버지가 거 술 가마. 술밥 맛있다카대. 술 꼬들밥
       했는거 옛날에 술밥 넣고 이랬다카대. 식후고

최경숙 : 아니 울릉도는 그래 언제 갔는고요?

고모 : 어?

최경숙 : 울릉도는 어떤 데에서 울릉도로 들어가셨냐고.

고모 : 그 때 그래 가지고 거서 살다가 울릉도로 들어갔어.

최경숙 : 아니, 그러며는 아버지 할아버지 사촌들이 다 울릉도 사셨
　　　　잖아요.

고모 : 그래.

최경숙 : 그런데 울릉도에 할아버지 사촌들이 사셨으니까 고모 할
　　　　아버지도 울릉도 가셨기 때문에 그 밑에 자식들이….

고모 : 할아버지 때 갔지 그러니끼엔.

최경숙 : 아.

고모 : 할아버지 형제들 다다 거 가 있잖아.

최경숙 : 아, 그, 그 몇 년돈지 모르겠다 그라면.

고모 : 그 때 옛날에 아주 개척 때나 간거 같애. 내가 볼 때. 개척 때
　　　　에.

최경숙 : 개척 때에.

고모 : 그 때 내 저기에 큰 고모가 거서 시집갔다. 울릉도서.

최경숙 : 고모, 고모가요?

고모 : 어?

최경숙 : 큰 고모 고모가 거 머, 거서 시집갔으면 뭐.

고모 : 남편이랑 울릉도에 살거든. 우리 큰 고모가. 할아버지 제일
　　　　큰 누나가.

최경숙 : 그러니겐 고모. 고모네 그죠?

고모 : 그래.

최경숙 : 아버지 고모네 그죠?

고모 : 그래.

최경숙 : 아버지 고모가 거기서. 울릉도서 시집을 갔다고?

고모 : 그래. 거서.

최경숙 : 아, 어어. 그러며는 할아버지때부터 거 사셨네 그죠? 울릉
　　　　도에?

고모 : 그래.

최경숙 : 아, 그래 되면은 그래. 아버지. 그그 우리 내. 그 우리 내 고
　　　　모 아버지. 할아버지가 울릉도서 사셔가지고 그때부터 계
　　　　속 그거하셨네?

고모 : 그러킨데.

최경숙 : 삼대가 넘었네? 사대가 넘었네? 우리 집안이 울릉도에가
　　　　가서 산 게?

고모 : 그러끼네. 우리 할아버지 형제가.

최경숙 : 예.

고모 : 그기 뭐 또 살으셨겠지?

최경숙 : 응.

고모 : 할아버지 형제가.

최경숙 : 아, 그래 되는거구나.

고모 : 일부 살았거든. 그기 그 살다 또 나오고.

최경숙 : 그럼 아버지는 독도에 들어갔는게 6.25전쟁 끝나고 59년
　　　　도부터 한 번씩 왔다갔다 하셨네 그죠? 50년대 말부터….

고모 : 아이구 50년대 말이 아이라.

최경숙 : 내가 알기로는 아부지가 63년도에 그랬거든요?

고모 : 6.25때가 내가 중학교 때니께니 고등학교 땐가? 중학교 땐

가. 중학교 때만 해도 오빠 독도 댕겼다. 독도에 있었다.

최경숙 : 아, 그 때 울릉도 있었는게 아니고? 독도에 있었다고요?

고모 : 어. 울릉도, 울릉도 저기에.

최경숙 : 어. 거기에 울릉도에 있었는데.

고모 : 있다고 했잖아.

최경숙 : 울릉도에 있었는데 아버지가. 울릉도에 살다가 내가 아버지한네 듣기는 내가 니 데어나던 해에 독도에 들어갔다 했거든.

고모 : 응?

최경숙 : 내가 태어나던 해에 독도. 그때부터 독도에 다녔다고 하더라구요.

고모 : 그카더나?

최경숙 : 예에. 그러니끼엔 내가 태어나던 그 때까지 그 독도에 미역강구 하러 다녔었나봐요. 그래가 나는 어릴 때 큰 그거는 없으니까 기억 자체는 아부지가 맨날 겨울에는 독도 가 있고, 봄에 되면은 봄에는, 독도 고깃배들 나오고 이라며는 맨날 짐 그거. 이불 보따리라든지 옷 보따리라든지 씻을거 있잖아. 한빼까리하고 갈매기알 보내고. 맨날 엄마는 그 뭐꼬. 물건 해가 소라 전복 이런거 가져와가 팔러다니고, 이런거 밖에 기억이 안나. 그리고 아부지는 명절 때 알다시피 고모 구정 때는 아부지가 우리하고 지낸 적이 없잖아요.

고모 : 응.

최경숙 : 추석에나 지내지. 그러니께네. 그 기억 자체는 맨날 독도

는 어디꺼지나 아부지가 들어간다고 생각했기 때문에 그것 밖에는 기억이 안 나고. 그래 나는 고모한테 묻고 싶은 거는 어떻게 울릉도에 살게 되었고 독도 들어가기 전에는 아버지가 울릉도에서는 장사도 하고, 약초밭도 하고. 뭘 했는지 궁금해가….

고모 : 장사하고, 약초밭하고, 오징어 장사를 했었잖아.

최경숙 : 오징어 장사하고.

고모 : 어, 장사도 하다가 그 인자 저기 저기에 진주. 진주 양식할라 꼬 그걸 연구해가지고 독도로 들어간거지 그때.

최경숙 : 아. 전복 진주 양식이요?

고모 : 어.

최경숙 : 아아….

고모 : 그래 가지고 저~ 온 전신에 저기….

최경숙 : 그거는 고모가 기억이 잘 못한다. 전복 양식은 진주 양식 은 80년대 초에 할라꼬 그랬다. 그렇게 알고 있는데.

고모 : 내가?

최경숙 : 예.

고모 : 긍게 첨에 생각을 그래깨 해가지고 그래 하기 전에….

최경숙 : 음…. 하기 전에?

고모 : 그 때 일본에서도 그거를 알지 못해 못했을때잖아. 그체?

최경숙 : 응. 그 때 울 아버지가 할라 그랬었구나.

고모 : 응. 그 때 가지고 우리가 그 전복을 잡다가 보이께니 전복이 입이 뭐 뭐 상처를 주면 그기 진주가 되고 그거를 갖다 오빠 가 연구를 해서….

최경숙 : 네.

고모 : 그래가지고 인자 그거를 아~무도 못 했는데 참 잘했다칸다
꼬 우에 그거를 알았나칸다꼬 그카대 뭐 그때 오빠가….

최경숙 : 응.

고모 : 오빠 자랑해 쌓드라고 그때.

최경숙 : 응.

고모 : 그래가지고 그 카, 그래가지고 내가 볼 때는 그 전에는 독도
그냥 댕깄잖아.

최경숙 : 미역하러 왔다갔다 했었지.

고모 : 어?

최경숙 : 미역하러. 미역방구 했었잖아, 아버지가요. 첨에 독도갈 때
미역방구. 미역방구를 사갖고 가가 했지. 했는데 인자 전
복 때문에 그 본격적으로 그기 눌러앉을라고 생각했는 갑
드라구요.

고모 : 그 인자 가가지고 오빠는 그때 무엇을 목적으로 하냐면은 집
을 지을라꼬 그리 댕깄는기라.

최경숙 : 음….

고모 : 독도에다가.

최경숙 : 음….

고모 : 그때 독도에 처음 갈때는….

최경숙 : 음….

고모 : 그래가지고 독도 가가지고 집을 3년 동안 지었잖아. 그거
를….

최경숙 : 예에.

고모 : 그래, 그기 60년도에 지었을꺼야.

최경숙 : 네 60년도에 지었어요. 육십 한 오년도 쯤에 지었어요.

고모 : 집을 지가지고 그 집 질 때 다이너마이트로 터트렸데이. 거다….

최경숙 : 예. 그랬다 하더라고.

고모 : 그래서 숨카놓고 이래 있으면 딱 숨어가있으면 막 펑~터지믄 총땡기고 또 올라갔다 내려왔다 그 땐 그랬다.

최경숙 : 그랬다카더러. 아버지가 얘기 해주데요.

고모 : 그래가 또 터자놓고 또 오고 터지고 그래가 그기 3년 걸맀다 카이께네. 터 닦는데 집짓고 하는데.

최경숙 : 고모는 그거 알고 있능교? 아부지가 물골에 처음에 해녀들 데리고 살 때 그 우로 그 물골 그 인자 우리 집에 물골 덜덜 드나드는 998계단 있는 글로 계단으로.

고모 : 나는 물골이 그리 그 위에 그래 있는지는 몰랐거든.

최경숙 : 그러니껜 글로 밤에. 어. 밤에 그 산을 후라쉬도 없이, 후라쉬도 없을 때 산 넘어로 왔다갔다 했는거 고모 알고 있는교?

고모 : 몰라. 그 저 바로 그 집 뒤에라 카든데?

최경숙 : 그 집 뒤가 어딨는교? 산너먼데…. 흐흐.

고모 : 집 뒤에 어디 물이 쫄쫄 나오는기 있는갑대.

최경숙 : 예. 거기 집 반대 방향 산으로 올라가가 한바꾸 내려와야 하잖아요. 고모 글로 안 가봤구나.

고모 : 나는 안 올라 가봤지. 근데 오빠야가 카는데 그 집 뒤에 물이 있는데 그 물이 한 저기 해녀들하고, 2~30명 참 30명. 50명

〈물골〉

　물 물은 나온다 이카대.

최경숙 : 그게 물골아인교 물골.

고모 : 물골 물이 많이 나오나?

최경숙 : 물골 그래가 아버지 거기 다~ 그 뭐야 공사해가지고 그
　　　　안에 그 뭐꼬 물골 그거를 만들었잖아. 우물을 만들어가지
　　　　고 살았고 80년대에 아부지가 81년돈가. 2년돈가 공사할
　　　　때.

고모 : 집 뒤에 바로 곁에는 없나 물이?

최경숙 : 물이 없더. 바로 곁에 그 물은 먹는 물은 없고 비오면 산
　　　　물이 쫄쫄쫄쫄 쪼금 흘려내려오는 거 받아가 빨래 씻고하
　　　　는거 밖에 없고요.

고모 : 그래. 근데 그 때는 그거 뭇다. 첨에는.

최경숙 : 첨에는. 아이지 첨에 가가 물골에 살았더. 첨에는 거그
　　　　에 안 살고 아부지 집 짓는데 고모 잘 모르는 그 집도 거기

는. 아부지 처음에 물골에 해녀들 뎄고 살다가 집있는 터에 이쪽에 발견해갔고 여기를 다이너마이트가 터잡을 동안 물골에 계속 살았니더. 집 짓고 할 동안.

고모 : 글나. 하기사 그때 하여간 옆에 물 쫄쫄 나온다 카드라.

최경숙 : 예. 물 쫄쫄쫄 나오고 이랍니다. 그래가 웅덩이 파갔고 물 고이는 샘을 만들고.

고모 : 물이 실실 나오는 그거는 묵을수 있는 거라 그냥 요기 해녀 들하고 30명 갔거든 그때.

최경숙 : 예. 그게 물골 물입니더. 그게 물골 물입니더. 쫄쫄 흐르는 그거 받아가지고 옴팍하게 파가 세멘을 만들어가 쪼끔 쪼끔하게 받아가 썼잖아요. 그래서 파도 센날에 물뜨러 가보면 짭아서 못먹어서 그 다음날 다 퍼내고 씻어내고 다시 또 해놓고 이랬잖아.

고모 : 글나. 실실 나온다 카더라. 그쟈

최경숙 : 응. 그랬구나. 그라며는 저기 머꼬. 울릉도서 출생 했는거 는 맞네. 출생지가 울릉도로 되어 있는건 맞네. 할아버지 가 그때 그거 그래가.

고모 : 그래. 그래 살다가 저기 할아버지가 교편생활했거든. 그래 서 경산에서 교편생활했어.

최경숙 : 아 저 아부지 동생 나 거 저저저저 저기….

고모 : 삼척.

최경숙 : 거기 종철이 아재가?

고모 : 아니야!

최경숙 : 그라믄. 종갈이 아재 아이가?

고모 : 어.

최경숙 : 아, 밑에 작은 아부지가?

고모 : 어.

최경숙 : 아, 작은 아부지가 경산서 낳으셨구나.

고모 : 어, 글때 거서 세 살 까지 살았거든?

최경숙 : 예에.

고모 : 경산에서.

최경숙 : 예. 그때는.

고모 : 어?

최경숙 : 아니 아니에요. 그래가 그라믄 아버지는 다시 저 커가 저
열 몇 살. 열한 네살 되가 울릉도 가셨네 그죠? 다시 또.

고모 : 그리 댕기다가 할아부지가….

최경숙 : 예에.

고모 : 그렇다가 우에다가 울릉도에 다시 발디딨는지 잘은 모르겠
는데 그러다가 하여간 저 할아버지가….

최경숙 : 예에.

고모 : 울릉도서 있었어.

최경숙 : 아아.

고모 : 울릉도로 갔어. 살었나봐.

고모 : 여러 군데서 교편생활 하고 그랬었다가 평양엔가.

최경숙 : 평양에 가셔가지고 나는 아버지가 저기 평양 그 쪽 출생인
가.

고모 : 평양서 살때는 느그 아버지가 3살쯤 됐을거야.

최경숙 : 울릉도서 낳아가 평양갔다가 또 울릉도 가. 아버지도 참

할아버지 때문에 마이 고생했겠다.

고모 : 으응. 평양 갔다가 평양에서 다시 경산 살았다.

최경숙 : 아아 그래요?

고모 : 어, 교편생활하다보이 평양 살다가 경산 살고 그래이 왜 그
러냐 하면 작은 오빠 경산서 낳거든.

최경숙 : 아아.

고모 : 살다가

최경숙 : 아버지 사촌들은, 할아버지 사촌들은 다 울릉도 계시니까
자주 왔다갔다 뭐 해셨겠다

고모 : 그러니껜 울릉도 있다가, 있는데…. 여기에 방학 때 할아버
지가 여름방학 때 울릉도에서 산에 가가 통 굴러와가 다치가
지고 그 길로 저기에 할아버지가 병들어가지고 그래 거 살았
잖아. 그러니껜 그 길로부터 느거 고모하고 느거 아부지하고
인자 생활전선에 나간거지.

최경숙 : 울릉도 계셨네 계속 여기서?

고모 : 어?

최경숙 : 그때부터 울릉도 계셨어?

고모 : 그때 그기 할아버지 다치실 때 그때 울릉도 살았었어.

최경숙 : 아…. 그러셨구나.

고모 : 응.

최경숙 : 아이고. 너무 복잡해가지고 나는 마마 족보를 따지기도 힘
들어 죽겠니더 고모.

고모 : 뭘 따진다고.

최경숙 : 호호호호. 고모가 아니며는 다 몰라. 고모가 안 하면는 아

무엇 난 몰라.

고모 : 거 살다가. 다 가서…

2. 최경숙의 회고담

살아 생전 최종덕이 딸(최경숙)에게 이야기한 것과 최경숙이 독도생활을 회고하면서 2012년 2월 수시로 녹음한 것을 풀어쓴 자료임.

아버지가 독도 입도하기 전에는 울릉도에서 생업활동은 저기, 주로 상업에 목적을 두셨다고 한다. 장사, 오징어 장사라든지 저기, 산에 약초 재배 이런 거였고. 특히 기억하는 거는 사동에 지금 거기 장소가 사동초등학교 바로 옆에 있는 거기 방앗간이 있었다고 합니다. 그 방앗간에 물레방앗간을 아버지가 처음 거기에 울릉도에 방앗간을 처음 만들었는 그 곳이 진짜 사동에 지금은 없어졌고. 그 방앗간을 울릉도에서 젤 처음에 아버지가 물레방앗간을 만들었고. 그리고 또 울릉도에서 개발한거는 배를 올릴 수 있는 동끼. 그 때는 배를 올릴 수 있는 장치가 전혀 없었는데 아버지가 배 올리는 거를 개발을 하셔가지고, 울릉도에 배를 올리는 동끼를 만들어서 그것을 처음 발명을 해서 그렇게 사람들한테 뱃사람들한테 그렇게 가르쳐 줬다고 하고요. 그리고 또 하나, 배 그기 고기 잡을 때 그거 배 동력으로 인해 갖고 불을 켤 수 있는 전구, 배에 오징어 잡을 때 전구다마 그거도 아버지께서 처음 개발을 하셨다고 합니다. 그렇 듯이 저희 아버지가 울릉도 사람들한테 모든 사람들한테 기억되는 것은 머리가 너무 비상하셔가지고 기계쪽으로 모든 거는 아부지가 연구를 하고. 거기에 대해서 더 또 발명을 하고 하나하나 전부 다 아버지께서 머리 자체적으로 생각을 해서 하는 게 굉장히 많았다고 그라구요.

〈가재바위에서 한때〉

저희 아버지, 내가 어릴 때 아버지의 모습은 항상 새벽에 일어나시면 새벽일을 진짜 일찍 일어나 4시나 되가 일나셔가지고. 저도 심부름을 시키고 초저녁에 일찍 주무시고 항상 너무 새벽에 일찍 일나서 모든 연구, 어떤 때는 불을 켜놓고 뭐를 그리고 여러 연구를 하신다거나 이런 모습을 많이 봤습니다.

독도에서의 일들을 제가 특별하게 기억해 보면은 배들이 독도에서 배가 나오면 엄마가 가서 물건을 받아서 이제 그때는 소라, 전복, 해삼 머 이런 거 겨울철에 그런거 나오면은 울릉도 수협에서 입찰을 보여서 독도물건만 따로 받는 사람들이 김준학씨라고 또 따로 있었어요. 그 분은 독도 물건이 너무 좋기 때문에 그 물건을 받아가 일본으로 바로 수출을 한답니다. 그 때 그 당시만 하더라도 독도 물건들을 한국, 우리나라 국내에서 소비하는게 없었고 거진 다 일본으로 수출이, 백프로 일본으로 수출을 한다는 소리를 들었고. 그리고 어린 기억에 우리집은 항상 독도 집이었어요. 옛날에도 보면은 전화기가 몇 댄지, 도동에 전화기가 몇 대 없던 시절에도 이렇게 수화기를 빙빙 돌려서 하는 그 전화기를 받고 114에 전화를 해 '독도집' 이러면은 바로 우리집 전화번호 133번을 가르쳐줄 정도였으니깐. 우리 아부지가 그냥 최종덕이라는 이름보다는 독도 사람으로 더 크게 좌우됐던, 아버지 살아 계실 때까지는 계속 그게 그래 불려왔기 때문에 내 기억 속으로는 나의 친정은 그냥 독도라고 밖에 생각이 안들구요.

음, 덕진호 구입은 내가 태어나기 전이니깐 그거는 잘 기억이 안납니다. 그리고 70년대에 배를 다시 또 한번 덕진호를 1.25톤짜리를 새로 지었다는 거는 자료는 지금 있고, 그리고 85년도에 태풍으로 인해갖고 배가 또 부셔졌었어요. 독도에 올려놨던 배가 부셔져갖고 그 배를 새로 지었답니다. 새로 지었는데 그 85년도에 새로 짓고 87년도에 아버지가 돌아가시면서. 아이다, 90년도까지 이거를 그 배로 85년도에 지었던 배를 사용을 하고 있다가 90년대 도동 어촌계에서 인자 독도 바다를 못하게 하자 그 배를 엄마가 팔아버렸죠. 그 바람에 우리는 배가 없어서 이제 기금으로 독도 사랑호라고 그때 짓게 된 계기가 됐는 거 같습니다.

그리고 제가 맨 처음 독도에 입도한 계기는 18살 때 진짜 내가 철없이 너무 돌아다니고 방황하던 시절이 많았습니다. 그래서 저희 아버지께서 절 인간 만든다고 그래서 저를, 그때 독도에 처음 데리고 갔어요. 그 당시에 독도는 반 감옥과 같았죠 뭐. 이 천방지축으로 뛰어드는 나를 데리고 독도에 갔는데 안갈라고 숱하게 도망도 다니다가 결국은 잡혀갖고 한달만 가 있자고 갔는게 그때부터 쭉 독도 눌러앉게 되었습니다.

처음 갔는 독도는 진짜 말 그대로 정신이 버떡, 그거 모든 것을 체념 안하면은 미쳐 버릴 거 같은 그런 공간이었어요. 좁은 공간에서 방 하나에 사람이 선원아저씨, 해녀들부터 시작해서 8명이 한방에 자고 밑에 집에는 문어잡는 아저씨들하고 하여튼 독도 서도에 근 한 28명 정도 사람이 있었어요.

근데 그 다음날부터 새벽 4시 반 되면 기상이에요. 전기 불도 없고. 그리고 밥하는 불을 피우는 것은 밥을 할 수 있는 거는 버너 달가서 버너 픽픽픽 나오는 그 버너, 기름은 폐유, 경유도 아니고 백경유도 아니고, 그냥 폐유 시꺼면 뺑끄씨유 그런 기름을 사용을 했었는데, 그 불을 피우다 보면은 콧구멍에 시커먹케되고 밥을 하다 보면 콧잔등에는 꺼스름이 묻어가지고. 한번 문대면 일로 시커멓고 절로 시커멓고.

그러게 밥을 하는데 밥은 또 독도 서도물이 간간함 짭아요, 그러다보니까 밥은 이거는 뜨실땐 괜찮은데, 식으면 밥이 더 짜고, 안그럼 짜다못해가 쓰다 그럴까요? 경상도 말로 썹다 그라는데 밥이 좀 쓴 편이었어요. 국도 끓이면은 바닷물로 뭘 하면은 짤거 같지만 짠게 아니고 쓴 맛이 나옵니다. 그러다보니깐 그 쓴맛, 그게 적응하기까지가 참 그래서 물을 못 먹어 가지고 첨에는 물을 될수 있으면 안먹을라꼬 꾹꾹 참고 있다가 한 번씩 먹고 한 번씩 먹고 진짜 못 참을 때 정도 되면 물을 먹고 그렇게 참 적응생활을 했었는데. 제일 힘들었던게 새벽 4시반에 일어나서 밥을 하는 거였어요. 해녀들은 새벽에 5시쯤, 반쯤 되면 작업을 가야되기 때문에 그때까지 내가 밥을 다하고 나면은 해녀들과 여러분들이 일어납니다.

거기에서 아버지가 최고로 치셨던 분들이 해녀들, 해녀분들을

〈선원 아저씨〉

굉장히 몸을 조심시키고 거기서 이젠 바닷 속에서 일을 하시는 분들이기 때문에 해녀들을 굉장히 좀 귀하게 대하셨어요.

그리고 선원 아저씨들, 특히 문어잡는 아저씨들은 왜 문어잡는 아저씨들을 데리고 갔냐면 첨에 아부지가 독도에 가니깐 전복이 있기는 있는데 큰 것들이 굉장히 아마 한 두 개씩 밖에 안보이더래요. 전복 자체가. 그래서 그 전복 자체를 이거를 가만히 보니까 전복 잡아먹는 게 불가사리하고 문어가 전복, 소라를 다 잡아 먹더래요. 문어가 너무너무 많고 독도 문어는 얼마나 큰지 머리통 하나 다리하고 한마리가 7~80kg 짜리가 너무너무 많습니다. 해녀들이 잡아오는 거도 60kg 짜리는 태반사고, 문어아저씨들이 잡는거는 70kg, 80kg짜리 있어요. 그러면 큰 콘테이너 바구니에 가득합니다. 그럼 그거를 다 잘라가지고 우리는 삶아내야 되는데 그렇게 문어를 잡아낸 이유는 독도에 전복을 키우기 위해서, 그래서 아버지께서 손해를 보고라도 해마다 문어잡는 아저씨들을 네, 다섯분씩 독도에 데리고 오는데, 자기들 뗏목을 가지고 와서 문어를 잡게 했어요. 그 날 날 좋을때 잡은 문어를 한분당 200kg 뭐 이렇게 잡는 것들을 다 아버지가 받아가지고, 아버지께서 그거를 다 받아서 우리는 그거를 다 삶습니다. 그러면은 어두스름할 때 작업끝나고 사람들이 다 오면은 그 문어를 kg수 대로 다 받아가 그거를 다 삶아서 한 1000kg 넘는거를 그 밑에 그 문어 삶는데 삶아가서 썰어서 다 건조장에가 널고 그렇게 하는데 그게 그때 생긴게 문어 건조장이~ 그렇게 해서 생겼는거에요.

그라믄 그 4월달에는 특히 문어건조장에 못 널어 놓는게 갈매기들이 많기 때문에 그것을 널어 놓으면 갈매기들이 다 물고 가버려요. 그래서 위에다 그물망으로 덮어놓으면 망을 뚫고, 뚫어갖고 갈매기들이 안에서 훔쳐먹지 않습니까.

참 독도는 너무너무 열악한 상황 속에서 아버지가 맨날 개발하고 이것도 더 사는데 더 편리한거 그런 거만 자꾸 하다보니깐 파도가 치고 노는 날도 그냥 편하게 앉아 쉬는 날이 없어요. 하다못해 계단을 만든다던지 아니면은 더 방을 따뜻하게 하기 위하여 뭐 구들장을 더 보수를 한다든지 이 모든 것을 하기 때문에, 또 뱃자리는 맨날 큰 파도가 칠 때마다 뱃자리 공사는 새로 해야 되죠. 비가 오는 날이고 바람이 불어도 독도에서의 생활은 늘 고쳐가면서 살기 때문에 쉬는 날이 없어요, 특히 아버진 더 하셨죠 뭐, 비가 막 많이 오고 밖에 나갈 수 없을 정도만 방안에 있지. 파도가 세고 햇빛이 나면은 바깥에서 항상 사람이, 우리가 사는데 더 편리할 수 있도록 맨날 보수공사하고. 아버지께서는 가만히 계시는 그런 성격 아니었거든요. 그러다보니깐 우리가 독도에서 살면서 단 하나 발전기가 너무 돈이 비싸서 구입을 못해서, 배에 충전기로 전기를 잠깐씩 사용하는 불편함 외에 생활하는 데에서는 크게 불편하거나 하는 것은 적응을 하니깐 그거를 못 느꼈고, 저는 어린 마음에 그 한 달 동안 있는데 미치겠더라고요.

너무너무 힘이 들어갖고 날짜를 달력에다가 체크하고 해가 어둡스름하게 지나면 문어건조장에 올라가서 울릉도 쪽을 바라보며 언제나 가나 하고 바라보다가 내려 오지요. 저녁 노을이 질때면 울릉도가 훤~하이 보입니다. 하루는 노을 질 때에 울릉도 바라보고 울고 있으니깐, 아버지가 내일은 보내 주게 그러시더라고, 한 달에 한 번씩 독도 경비대원들이 교체를 합니다. 25일에서 30일 사이에. 날 좋은 날을 택해 갖고. 그래서 내일 보내줄게 그러니까 와… 좋아가 죽겠대요. 근데 마침 그 다음날이 되니까 집 앞에 남동 남서풍이 불어가 파도가 첩태산인거에요. 집 앞에 경비정 배를 못내는 거에요. 그런데 다행히 경비정은 구 등대 쪽이 파도가 잔잔하니까 그 때 울릉 경비정, 작은 경비정하고 왔는 그 상황이었어요. 교체하러. 그때 독도에서는 남쪽에서 파도가 세면은 반대방향, 북쪽에는 파도가 잔잔하기 때문에 아버지가 그 쪽에서 또 교체를 해주고 그랬는데. 그 때 파도가 우리 집 앞에 너무 세니까 우리 덕진호를 낼 수 없는 상황이 되니까 작은 경비정이 따라가 왔더라고요. 될 수 있으면 아버지가 독도에 계시면은 전경들 교체할 때는 전부 다 우리 배 덕진호로 다 교체를 해주고 물건도 날라주고 그랬는데. 그 때는 우리 집 앞에 파도가 너무 쳐서 덕진호를 바다에 못 내니까 작은 경비정이 울릉도에서 와서 교체를 해줬는데. 나는 그때 너무 울릉도에 나가고 싶은 나머지 집 산을 넘어서 삼형제 굴 있는 데 바위 있는 거기까지 헤엄쳐 가버렸어요, 내가. 우리 집에서는 애가 파도에 떠내려갔다고 난리가 나고, 그래가지고 헤엄쳐서 거기 작은 바위에 서서 경비정, 작은 경비정에 소리쳐서 사람을 불러서 그 경비정을 타고 울릉도까지 나온 그런 에피소드도 있었는데. 그 때는 너무 미치겠더라고요.

그땐 독도 집에 아무것도, TV가 있습니까, 뭐가 있어요? 오직 듣는 건 라디오고 갈매기 소리고. 한번씩 놀러가는데가 유일하게 놀러가는 데가 동도, 전경들 있는 덴데. 그것도 동도에 가면 1시간 정도 잠깐 갔다가 바로 오는데. 크크 그래도 거기에 갈 때면, 깨끗한 옷 꺼내어서 입고 하였는데… 참네… 동도에 가는 날은 아부지가 인자 울릉도에 연락할 일이 있었어 경비 전화로 울릉도에 전화하러 갈 때, 소식 전하러 갈 때, 그 때 인자 2주일에 한번 그 시간 밖에 없거든요.

그 후로 아버지는 6월달까지 계속 계시다가 나왔었고, 그 뒷 해부터 겨울에는 이젠 내가 무조건 간거죠. 독도에 그때부터는 아버지 계속 따라다녔었고, 두 번째 가니깐 좀 덜하더라고요. 근데 뭐 아버지께서 독도 입도하게 된 계기는 아 모르겠어요. 울릉도보다 좀 더 나은 이게 바다 채취, 해산물 채취를 위해서 간 게 아닐까 생각이 드는데, 그때만 하더라도 뭐 크게 국가적으로 어떤 생각을 했다거나 하는 생각은 안해요. 하지만 살다보니깐 거기에 대한 독도에 대한 애착이 남들보다 강했었고, 독도가 어떤 중요성을 알았기 때문에 아버지께서 그 모든 사비를 털어서 계속 지속적으로 터전을 잡은 것은 그 쪽에 독도에 무한한 가능성을 보았기 때문이 아닐까요? 한평생을 거기에 모든 열정과 삶을 바치고 그걸로 인해서 돌아가시지 않았을까? 그렇게 생각이 듭니다.

제가 그랬어요, 왜 여기에 계시냐고 독도에 왜 계시냐고 물을 때 아버지는 그러시더라고요. 지금은 너희들 보는 눈에 아무것도 아닌 거 같이 보이지만 훗날 내가 여기에서 터를 잡고 살고 내가 주민으로 살았던 게 얼마나 국가적으로 큰 가치가 있는지 내가 죽고 난 뒤엔 알거다. 그러실 때 난 그때도 진짜 코웃음 밖에 안 나오더라고요. 이만한 아버지 능력과 머리면은, 울릉도에서 진짜 크게 부자소리 들으면서 진짜 등 따시게 살 텐데 왜 구태여 독도까지 와서 이 고생을 하는지, 그리고 왜 내까지 데리고 와서 이 고생을 하게 하는지, 나는 그때 어린 생각으로 무조건 독도를 탈출할 생각밖에 안 났었어요. 그래가 나는 무조건 육지 나온다는 생각만 하고 살았는데 아버지는 그게 아니더라고요. 울릉도에 가서 한 한 달 정도 있으면 아이구 독도에 들어가야지. 내가 독도 들어가야 편하지. 여기서는 진짜 힘들다. 그 정도였어요.

그리고 독도에서는 진짜 겨울에 너무너무 추운데, 냉방에서 다 자거든요. 유일하게 불기운이 있는 자리는 해녀들이 잠을 자요. 왜냐면 바닷 속에서 일을 하기 때문에 몸을 따뜻하게 해야 된데요 그래서…. 또 밥을 할 때면은 버너, 씨꺼면 뼁꺼씨유로 달가갖고 하는 그 버너를 달굴 때까지 시커먼 그을음 나는 그곳에서 기름 냄새와 함께 하는 밥할 때가 제일 힘들었고.

그리고 또 아버지는 해녀들을 쪼끔이라도 바다 속에서 일을 하시는 분들이기 때문에 자기 추운 거는 간 곳 없고, 해녀들이 몸을 따뜻하게 해야 된다고. 나이롱 있죠? 나이롱 밧줄 이게 왜 큰 배에서 잘려 나왔는게 독도에 여기저기 구석구석 보면은 파도 치고 이러면은 물골이나 동도 자갈밭이나 여러 군데 가보면은 떠내려 왔는 것들이 많아요. 일본에 떠내려왔는 것들도 있고. 나이롱 밧줄 같은 것을 주워가지고 방에 불을 지피는데, 많이 넣으면은 빨리 타잖아요. 그러니깐 쪼금씩 똑, 똑 떨어지도록 하면은 은근히 하루종일 타요 그게. 그러게 불을 피워 갖고 방을 따뜻하게 하면은 그쪽에 해녀들 주무시는 아랫목만 조금 따뜻하게 해준다던지 그렇게 어떻게든 절약하면서 자신 몸은 돌보지 않으신 모습들, 모든 게 다 울릉도에서 싣고 가기 때문에 생활이 우리나라 50년대 생활이라고 보면 됩니다, 모든 것이 너무 힘들었고.

그리고 또 하나 식량조달은 엄마가 울릉도 사시면서 독도에 같이 있을 수가 없어요. 울릉도서 일주일이고 한달에 한번이고 계속 부식을 조달해서 보내야 되기 때문에 엄마가 하는 일이 너무너무 많았습니다. 울릉도에서 독도에서 작업한 걸 모두 보내 오면은 팔아야 되죠, 또 빨래 해녀들부터 시작해가 전부다 아부지 빨래, 이불빨래 다 빨아서, 말라서 옛날에 세탁기도 없었잖습니까? 손으로. 다 빨아서 말려갖고, 또 독도에 작업하러 배들이 갈 때, 배들이 뭐 자주 있습니까? 독도에 고기 잡으러 가는 배들, 저동이나 어디에다 수소문해갖고 가는 배 있으믄 연락이 옵니다. 그라믄 그 배 찾아가 밤이든 새벽이든 배가 뜬다하면 울릉도에서 차도 없을 때, 이고, 들고 그 배 있는데 까지 가서 부치고, 부식도 부치고. 안 그럼 육지에서 간다 그라면 육지까지 나가갖고 또 후포 그런데서 간다 하면은 후포에 그 가서 뭐 아버지가 독도에서, 뭐 필요하다 이라면 또 독도에 집을 짓고 이러면 나무 이런 거 필요하다 하면 그거 또 장을 봐서 또 구입해서 싣고 또 보내고. 또 그 배로 싣고 갔는 배로 또 문어, 전복, 소라 보냈다 그러면 그걸 또 받아서 또 팔고. 그렇기 때문에 독도에 생활하시는 것 보다 울릉도에서 했던 엄마일이 더 역할이 컸던거 같아요. 커가면서 내가 항상 느꼈던 거는 난 울 엄마처럼 저렇게 고생하면서 안 살아야지. 이런 생각을 너무너무 많이 하고 살았어요. 엄마가 아니었다면 아부지가 과연 독도에서 그렇게 마음 놓고 생활을 하실 수 있었을까하는 생각이 듭니다.

그리고 문어건조장은 문어건조장 그 자체가 너무너무 큰 유산이 될거 같은데 왜 전부 부쒀버런는지…. 거기는 파도는 치지만 바람과 모든 건조가 너무너무 잘되는데 그 문어 건조장 뒤로도 파도가 치면은 못 올라가요. 그런데 우리 집 뒤로 올라가는 길을 아버지께서 와이어줄로 가는 길을 만들었는게 있어요. 그 길은 진짜 올라갈 때 유격훈련하는거 같아요. 내가 처음 독도 갔을 때도 계단도 없고 아무것도 없을 때 유격훈련 하는 식으로 돌아다녔었는데 진짜 망둥이같이 서도 온 산을 뛰어다녔거든 제가요, 겁나는 줄도 모르고 뛰어 다녔어요. 그런데 아저씨들은 문어 건조장 올라가는 길도 모르고, 제가 가르켜주고 그랬는데. 아버지께서 모든 길을 만들 때 와이어 줄 같은 거 이런 거 만들 때도 그 비탈길을 혼자서 그 세멘트를 바르고 만들으셨단 말입니다. 그 길들을 그 험한 길을 낼 때까지 그냥 올라가셨다는거지. 아버지께서는 참 대단하시단 생각을 해요. 그래서 난 모든 사람들에게 이 얘기를 해주고 싶지만은 과연 아버지가 아니면은 이거를 해낼 수 있었을까?하는 그런 이야기였고요.

미역하고 문어는 돈이 안 됐어요 솔직히. 문어를 잡은 것은 전복을 더 많이 양식을 많이 하기 위해서 문어를 잡아야 했는 거고. 문어가 너무 많다 보니깐 삶아서 염장식으로 했고, 해삼자체도 그 상태로 바로바로 팔려고 하면은 못하니까 독도에서 삶아요. 해삼을 삶아갖고 염장처리를 하고, 소금처리를 해서 해삼탕하는 중국에다가 수출을 했습니다. 우리 독도 수산물은 거의 다 수출한거죠. 독도 홍해삼이 굵고 좋으니까 중국 상인들은 바로 직접 사가지고 갈 정도였죠. 아버지하고 직접 연락을 직접 해 사가기도 했습니다.

그런 그 미역은 미역에 관한 에피소드가 있는데 1979년도인가 제가 처음 들어갔을 때 기억이 나요. 그때 그 당시가 미역이 너무 너무 많아서 많이 채취 할때인데 염장미역이라고 들어봤을 거에요. 삶아 데쳐가지고 소금으로 간해 저장하는 방식을 아버지가 개발을 하시더라구요. 소금값이 그 해 제가 기억하기로는 쌀값하고 맞먹는 댔어요. 그렇게 비쌌던걸로 기억해요. 그런데 이렇게 염장 미역을 저장할 때, 미역을 해녀들이 해가 오면은 데쳐내는 사람은 인자 장군하고 정군하고 아저씨들 둘이 있었어요. 그 분들이 데쳐내고 나는 거기다가 소금을 간을 쳐갖고 거기다가 굴 속 같은데 저장하고 있었는데. 그래놓고 인자 배를 하나 대절해갖고 미역을 건져내갖고 자루에 담아 염장미역을 아버지가 서울로 갖고 가셨어요. 그때 몇톤 정도가 됐을겁니다. 근데 제가 정확하게 모르겠는데 서울에 갖고 가니까 독도사람이 독도에 산다하니까 촌사람인줄 알고, 서울사람들이 막 먹을라 했던 모양이에요. 그게 그때 처음 아버지가 염장미역 저장법을 알아갖고 하신건데 그 염장미역을 냉동창고에다가 서울에 냉동창고에다가 한 달에 얼마씩 보관비를 주고 보관했답니다. 그래 한 그게, 한 2년정도 있었는데 그 냉동 그 미역값이 갑자기 올라가는거에요. 그 냉동창고에서 아버지가 미역을 줄라하니깐 그 사람이 아버지를 얕잡아 보고 글쎄 냉동창고에 보관할 때 서류상으로 받은 것이 없고 구두로만 말을 했기 때문에 뭐 각서 쓰고 이게 없었답니다. 그 미역을 받은 적이 없다. 이래 드래요. 그래서 아버지께서 기가 차더랍니다. 이게 내가 촌사람이라고 이것들이 사기를 칠라고 하는구나 생각이 퍼떡 들드래요 그래서, 그래요? 그래 하면서 아버지가 그냥 대구 집으로 와서 녹음기를 하나 사갖고 그 사람을 만나러 갔대요. 어리숙하게 해갖고. 그래 내가 당신네들한테 뭐 받은 것도 없고 하지만은 내 미역은 여기에 있지 않냐. 있는데 당신 양심을 속이지 마라 그러니까 그 저기 사기꾼들이 하는 말이 미역을 받은 거는 맞지만은 증거가 어딨냐 증거가 없으니까 우리는 모른다, 그 염장미역을 받았던 증거를 갖고 오라 우리는 미역을 받은 적도 없고 없다. 이렇게 말을 돌리드랍니다. 그런 사람들이 아부지가 이제 유도심문을 해가 그기 미역을 울 아버지가 너거 냉동 창고에 미역을 넣었다는 그 말을 인자 녹음기에다가 실을 수 있게 유도를 했는 모양이에요. 그거를 다 녹음을 해놓고는, 그래놓고 알았다고 하고 일어서면서, 나는 인제 이 길로 검찰이나, 경찰서 가겠다 그러니까 뭔 뜻인지 몰라가 그 사람들이 뻔히 아버지를 쳐다보더래요. 그러니까 앞 주머니속에서 녹음기를 소형 녹음기를 끄잡아내가 당신네들이 말했는 거 내가 녹음기에 담았다 하니까 그 사람들이 앉아서 살살 빌더래요. 그래갖고 그거를 인자 다 찾아서 팔고는 앞으로는 서울 놈들 안 믿는다고 아버지가 그때부터 그랬어요. 그 염장미역해가지고 아버지가 너무너무 많이 고생을 하시고 그 때 진짜 우리 집 한 채 값은 날렸다 하더라고요. 엄마가. 그때 그 어려울 때 내가 기억하기는 진짜 아버지도 어려웠고. 그치만 우리 엄마만큼 고생하고 사셨던 분은 없다고 생각해요.
아버지의 그 내조 모든 거를 다 해주면서 엄마의 그 노력이 없었다
면은 힘들었다고 생각이 들구요. 에구!

3. 최경숙이 딸 조한별한테 독도생활을 회고하면서 들려준 내용

최경숙 : 아버지가 독도에 처음 갔던 때 하고 그때는 내가 너무 어려서 기억이 없고. 내가 아버지 독도 기억은 음 초등학교 때에 보면은 여름 봄에 한 초여름 되기 전에 인자 아버지께서 독도에서 나오면은 사오월 달에 갈매기 알 가지고 나오셔가지고 그거를 학교로 가지고 갔던 그 기억이 기억하고 항상 뭐 여름에 울릉도에서 작업하는 그 기억 밖에 없고. 독도 기억은 아직까지는 없었고.

그라고 내가 처음 인자 독도에 갔을 때는 음… 그게… 뭐지 우리 덕진호를 타고 열시간 아홉시간에서 열시간이 그때 걸려가꼬 울릉도서 출발해서 독도까지 갔는데. 울릉도서 밤에 밤 12시쯤 되가 출발을 하면은 독도에 아침에 열시나 이래 되가꼬 도착을 했을 때 독도의 모습은 보면은 이런 절벽에 바위 같은데 집이 하나 있는 거 바닷가에 집이 있는거 그거를 처음에 봤었는거고. 그때 가 있는데는 불이 전기불도 없었고. 방 하나에 사람 인부를 여덟 명, 아홉명 같이 해녀들하고 아저씨들하고 같이 한방에서 같이 생활했던 그 기억이고.

그리고 거기 바나 취사문제는 버너 페유로 해서 버너로 대강 밥을 하고. 그리고 불은 우리 배에서 있는 발전기 발전기 충전해가지고 밥먹을 때만 잠깐 전구다마 불 촉 조그만 한거 흐릿한 거 전구다마에 불을 켜서 밥을 먹고.

그라고 밥먹고 나면은 저녁에는 겨울철에는 날이 해가 일찍 빠지니까 한 여섯시반 늦어도 일곱시 쯤 되면은 다 취침을 하고 새벽에 아침 네시반 쯤 되면 일어나고 그 생활을 인자 반복이 되었었고.

독도에서 유일하게 듣는거는 라디오 라디오 밖에 없었고. 그때 녹음기라야 해봐야 처음 카세트 녹음긴데 차에 택시 이런데서 차에 있는 녹음기 그거를 아부지가 개조를 하셔 가지고 스피커 달아가 인자 녹음기로 사용하는 거 있었고. 아버지가 배 작업하면은 그다가 배에서 스피커 달아가 노래를 틀어놓으면은 서도에 집에 있으면은 아부지 노랫소리가 아 이쪽 방향에서 들린다 저쪽 방향에서 들린다 이거를 알고, 아 동도에 앞에서 어디에서 작업을 하는구나 물골에서 작업하는구나 이거를 이제 노래 소리를 통해가꼬 어디서 작업하는거 내가 알수 있도록 만들어 주셨고.

어, 내가 독도에서 제일 유일하게 인자 놀러가는거는 동도 아버지 인자 울릉도에 볼일 물건 같은거 떨어졌다 이러면은 부식 시꼬미 같은거 구입을 하기 위해서 엄마한테 뭐뭐 해서 보내라고 할 때는 동도에 가서 경비전화로 전화를 할 때 그 때 인자 처음 동도에 놀러를 가는데. 그 때 내가 나이가 어렸기 때문에 동도에 갈 때는 전투경찰들이 있는데 가기 때문에 그냥 낯선 사람들한테 가는 하나의 외출식이지. 그쪽으로 가는거 그런 기억하구요.

음, 어 파도가 시고 이러면은 물골에 빨래 씻그러 가는데. 그 산너머 그 때 당시만 하더라도 998계단이라는 계단이 없었고 짚으로 밧줄타고 인자 올라가는데. 독도도 특이상 독도 돌은 흔들어보고 인자 집어야 되는데 그렇지 않으면 돌이 떨어져가꼬 사람이 사고 날 위험이 많기 때문에 항상 돌을 한번 흔들어보고. 인자 그 사 경사진 그거를 줄로 타고 인자 줄에 얽매여서 올라가는데. 내그 나는 인자 아부지 아침에 작업가시고 나면은 사월달에 일이 좀 있을 때는 갈매기 알 주스러 인자 깡통매고 갈매기 알 주스러 올라가면 인자 아버지가 물골 그 앞에서 인자 해녀 작업하고 계시면은 나는 올라가서 야호 해가 아부지 한번 부르고 손흔들고 일로 절로 뛰다니면서 인자 토끼도 잡고 그렇게 했던 그 기억들, 그리고 유일하게 인자 아저씨들하고 앉아가 방안에서 놀수 있는 그런 놀이들로 해서 많이 놀고, 인자 뜨개 뜨고 항상 인자 그리운거는 울릉도 언제 가나 그 생각만 하고 살았지.

내가 뭐 큰 그거는 없고. 음 어 작업장 이래 앞에 파도가 치고 이러면은 맨날 뱃자리가 자주 부서지기 때문에 날 잔잔하고 날씨가 좋은 날에는 뱃자리 공사를 자주 한다는거. 그리고 인자 제일 독도에서 시급한거 물인데 물골에서 집에까지 물을 길러 올때는 파도가 잔잔한 날 진짜 호수 같은 날을 계기로 해가꼬 그 때 인자 물골에서 물을 연결을 해서 배에 실어서 배에서 우리배에서 물골에서 또 집앞에까지 서도 지금 덕골 있는데 그 집 앞에까지 와가꼬 전부 다 호수로 해서 물탱크에 다시 옮겨다 담는 그거를 하루종일하면은 인자 물탱크 하나 가득차면은 그 한해 여름철까지 유월달까지 육칠월달 작업 끝날 때 까지 그 물탱크에

〈뱃자리 공사(1982)〉

물을 가득한 그 물로 인자 식수만 하는 거지. 쌀도 바닷물
에 씻어가꼬 거기 인자 민물에 한번 행궈서 밥을 안치고.
그렇기 때문에 그 민물로 세수를 하고 목욕을 한다던지 그
거는 상상 할 수도 없었고. 목욕하고 싶으면은 몰골에 파
도 시가꼬 작업 못하는 날 아저씨들하고 해녀 아줌마들하
고 같이 산넘어 물골까지 가서 빨래 씻고 목욕하고. 그래
가 올러오면은 요 앞에 글로 흙이기 때문에 목욕을 다하고
올러오면 흙투성이가 되가 다시 또 집에 오고. 그런게 인
제 반복이 되었기 때문에 인자 물골에 목욕하고 가는 날은
완전 소풍가는 것처럼 도시락을 다 싸서 가는데 갔다가 다
시 집에 돌아오면 흙투성이가 되가 돌아오고. 그러고 이제
올라오다가 서도 만디 꼭두바위에서 거기서 토끼 잡아가
꼬 두세마리 잡아서 집에 가꼬 내려오면은 토끼도리탕 해

153

먹고 그게 유일하게 독도에서 먹는 육고기 흔히 말해서 닭도리탕 식으로 토끼도리탕을 해가 먹는거고. 독도에서 먹는 부식 그거는 육지에서도 못먹는 우럭 매운탕이라던지 해산물이지 뭐 진짜 새우부터 시작해가 게 이런거는 독도에서는 육지사람들이 먹는 너무 좋은 해산물을 많이 먹어서 그런지 그거는 독도에는 풍부했기 때문에 그렇고.

육지에서 오는 고기 잡는 배 아저씨들은 원 뭐 원양어선들이 주로 속초 후포 울진 동해안 쪽에 있는 배들이 독도에 와서 명태잡이라든지 이런 배들이 많이 오는데. 그 배 아저씨들이 인자 낮에 밤에 작업을 하고 낮에는 우리집 근방에 방문 바다에 배를 띄어놓고 그물 손질을 하고 계시면은 나는 여기 집에서 아저씨들 있는데까지 해녀복을 입고 바다에 헤엄쳐가꼬 그까지 그물망에 고기얻으러 헤엄쳐가가요. 가면은 그 아저씨들이 고기 작업 그물 손질하고 있다가 물 밑에서 쑥 올라오면 아저씨들이 놀래가꼬 깜짝 놀래가꼬 막 있다가 나를 인자 배 우로 땡기올려 주면은 그 우에 올라가서 아저씨들하고 노래부르고 놀다가 고기하고 주면은 망태기에 고기 이빠이 담아가꼬 또 집에까지 으영차 으영차 헤엄쳐가꼬 집에 와서 아부지 작업갔다 오면은 그기다 매운탕도 끓이 놓고 문어 두루치기도 해놓고 또 기다리고 있고. 그 독도에 고기잡으러 오시는 분들이 지금은 모르겠지만 그때만 하더라도 참 모든사람들이 니꺼내꺼 없이 너무나도 풍족한 어획량 때문인지 사람들이 다 인심이 너무너무 좋았던거 같아요. 돈으로 연관 안짓고 거기는

다 인심으로 사람들이 정으로 살았기 때문에 그때 생각해 보면 독도가 내한테는 참 정겨운 곳이고 지금은 상상도 할 수 없을 정도로 독도에 사람들이 독도에 오면은 마음이 그만침 너그러워지고 풍요러웠던거 같아요.

어, 문어 건조장에는 허 그 우로 올라가는 길 자체도 아부지께서 개발을 하셨는건데 문어 건조장에 거는 내가 유일하게 문어 널고 울릉도를 바라보고 울릉도를 추억을 할 수 있는 곳이 문어 건조장이었고.

음 우리 인자 독도 경비대에는 동도 경비 아저씨들은 한 달에 한번씩 교체를 하는데 그 교체를 아버지가 우리가 그 독도 생활하고 일년에 십개월가량은 아버지께서 한달에 한번씩 교체할 때 큰 경비정이 와서 먼 바다에 서가 있으면은 그 우리 배로 덕진호로 거기 한달 동안 부식이라던지 경비 교체를 다 아버지께서 해주셨기 때문에 어 그 당

〈동도 대원들과 동키바위에서〉

시 전투경찰이나 울릉도 경찰서 사람들 해안경찰대 사람들은 저희 아버지를 국가유공자로까지 칭했을 만큼 아부지의 역할이 굉장히 컸었고요. 그리고 거기에 바다가 해상이 종잡을 수 없기 때문에 그 교체를 할 수 있고 잔잔한 날이 어떻게 되냐고 물을 때는 항상 저희 아버지한테 조언을 구하고 먼저 물어보고 교체 날짜를 잡고 그랬어요. 그랬으니까 해상에 파도 기상 이거는 아버지가 보는 눈이 한 며칠을 앞당겨서 보기 때문에 항상 저희 아버지가 말씀하시길 실수가 없었다고 그럽니다.

음 독도에서 추억이 제일 생각나는 거는 그때 그 당시에 독도에 인자 겨울철에는 파도가 한번 시면은 쎄면은 일주일씩 근 이십일씩 꼼짝못하고 바깥에도 못나가고 육지배도 못들어오고. 동해안 파도는 그만치 쎄기 때문에 그런데 한날은 독도에서 아저씨들이 제일 귀하게 여기는 거는 물론 쌀은 몇 개월씩 저장해 있기 때문에 밥 이런 쌀 걱정은 없는데 술 술이 참 거기는 귀하다고 봐요. 술이 또 없으면 안 되는 곳이고. 거 이 아저씨들이 한날은 술이 떨어졌는데 배가 배는 못들어오고 파도는 시고 그러니까 술은 먹고 싶고. 그거를 어떻게 구하러 갔냐하믄 동도에 전투경찰이 있는데 파도가 쎄가꼬 동도까지 못넘어 가는데 우리 거 한 아저씨가 젊은 아저씨가 장군이 몸에다 밧줄을 매가꼬 동도까지 헤엄쳐 갔어요. 거기 자갈부리 있는데까지 그까지 헤엄쳐가는데 인자 중간에 물살이 물살이 쎄니까 떠내려 가거든. 떠내려 가니까 이쪽에서 사람들이 붙잡고 인자

그 아저씨도 떠내려가면 땡길라고 하는데 인자 행여 오리
발 차고 동도까지 갔어. 동도서는 인자 밑에 사람이 가니
까 전투경찰이 내려와있고. 그래 그까지 가가지고 동도가
서 과자랑 동도 부식 같은거 얻고 술도 얻고 이래가 머리
에 짱배기에 과자 같은거 쌀 같은거는 물에 빠지면 안 되
잖아. 그러니까 머리에 이고 이고 무꾸고 인자 술 같은 거
는 그 해녀 두랑방 망태기에다가 물속에서 이엉차 이엉차
거서 인자 헤엄쳐가꼬 오는데도 이쪽에서 아저씨 아줌마
하고 울아부지도 전부 다 우리는 땡기고. 아저씨들은 멀리
아저씨는 인자 헤엄쳐가 떠내려 가기 때문에 땡기고. 이래
가꼬 그 술을 먹을 정도면은 아저씨들이 인자 습기가 많이
차기 때문에 죽을라 그러거든 그랬는 기억들.
한날은 또 동도에서 파도가 잔잔한데 사월달쯤 됐을꺼야.
자는데 뭐가 동도에는 그 당시에 이게 배가 철선 땜마가
조그만한게 철 땜마야 나무 땜마가 아니고. 그거를 인자
이래 산에다 들어 매놨는데 그러를 내루면은 드르륵 소리
가 나기 때문에 독도 조용할 때 그 소리가 우리 서도에 들
리거든. 아버지가 얼매나 귀가 밝으냐면 그것들이 땜마를
회식을 하고 우리 그 전복 담가놨는 소라 담가놨는 그 양
망태기에 인자 담가놨는거 그거를 훔칠라고 아들이 술한
잔을 먹고 왔는 모양이야 동도에서 애들이. 그기 인자 추
억이지 인자 망태기 떨아놨는거 그거를 자기들이 한잔 먹
는 중에 그거를 끄잡아내가지고 동도에 가지고 가서 깨가
먹다가 먹다가 버려놨는거를 우리 아버지는 그래 애들이

157

그럴 수 있다 싶어가 지금 그트면 상상이 안 되지. 그래 그러면서 우스겟 소리로 하고 한번만 더하면 경찰에 신고한다고 아버지가 그러고.

그래 작업하다가 오다가 이래 보면 동도 전투경찰들을 막 밑에서 불러. 그러면 애들이 내려온다고. 내려오면 문어 그튼거 해삼 그튼거 반찬하라고 오다가 다 동도에 던져주고. 하나의 뭐 서로가 동도하고 우리 저 서도에 하나의 가족처럼. 동도는 아침에 일어나면 저기 거 어디야 거 헬기장에서 우리쪽으로 야호 하고. 우리는 그쪽에 아들 있으면은 손흔들고 서로 그기 낙이야. 서로가 보여주면서 낙이고. 동도인자 있는 전투경찰이나 수경들도 서도에 울아버지가 배를 태아주가꼬 우리한테 오는게 자기들이 소풍오고 놀러오는거고. 우리도 동도 가는 게 놀러 가는거야. 서로 그러면서 상부상조하고 서로를 도와가면서 살았지. 그때에 반찬없으면 주고 아저씨 뭐 없습니까 하면 우리도 거 뭐 주고. 그게 돈으로 환산하면 너무나도 많지만 인정으로 살았기 때문에 그 아저씨들도 항상 울 아버지를 잊지 못하는게 그래서 잊지 못하는거 같애. 사람이 너무 정으로 하고 그리고 울아버지는 독도를 그냥 돈벌이는 도구 수단이 아니고. 독도는 내 집 내 몸같이 생각했기 때문에. 하나에서 열까지 울아버지 손발이 안거친데가 없거든.

그리고 내가 또 기억하는 게 전화 전화선 이거 전화선을 아부지가 직접 거기 선줄을 매고 그 올라가는 거기는 진짜 사람이 상상할 수 못 올라가는 거긴데. 울 아부지는 뭘하는지 토끼도 아이고 그 산이란 산은 다 타고 올라다니시드 라고. 거 머리를 써가꼬 줄로 땡기 오르고 그 하는거 보면 은 그때 전화선 연결도 했제. 이거 헬기 그 무상 공사할때 도 동아건설에서 했는데, 육해공군 다할 때 아부지한테 조 언 다 구하고. 그 헬기장 공사할 때 앞에 요기 동도 선착장 동키바위 이 공사를 하는데 동키바위 이거도 원래는 우리 아버지가 바다 이런거만 알지. 공사 이거는 자체를 모르는 데. 머리가 얼마나 비상한지 이런 것도 물밑에 다이나마이 트로 쑤시여가꼬 트자가꼬 여기에 배를 달수 있는 그거를 아버지가 다 만들고. 그 큰 배들이 댈수 있도록 다하고. 해 녀아줌아 시켜 가지고 밑에 물속에 인자 장치하라 그래가 꼬 터트라가꼬 하는거 하고.

동도 여 해를 계단공사 이거 할 때는 내가 여기 일초소 여 기서 아버지를 밥을 해주고 있었거든. 아저씨를 인부들 여 섯명하고 아버지가 이거를 공사를 했는데. 이때 인자 초저 녁에 아버지가 주무시기 때문에 나는 아버지 주무실 때 자 나 안 자나 손을 요래 얼굴 흔들고 코를 골고 주무시면은 나는 인자 동도 전투경찰들한테 가가지고 올라가가 놀다 가 한 열한시나 되가지고 내려가는거야. 내려가가꼬 실컷 놀다가 오고 밥을 하고.

음 그거하고는 독도에 대한 추억들이 참 이 미역 같은거 할때는 일이 많을 때는 너무 너무 일이 많은데 독도에는 일이 없으면은 심심해가 사람이 잡생각이 나가 미치 미친 다. 진짜 시간도 안가고 낮에 작업갔다가 와가 일이 많으면은 빨리 일하고 또 자고 이러니까 시간이 잘가는데. 그런데 나는 마마 한달이 진짜 안 가는데 울 아버지는 독도에 있으면은 시간 가는 줄 모른다 하기 때문에 내가 이해를 진짜 너무너무 못했다. 그라고 이야기가 하나도 안 되노.

그라고 인자 따뜻하고 아저씨들이 좀 많이 지루한 삼월달 사월달 되면 한 서녁달이 지나가면 아저씨들이 되게 지겨워하거든. 독도에서 그때는 막 사람들이 울릉도도 가고 싶어하고 이럴 때 울 아부지는 인자 다 댇꼬 하나 날 잡아가지고 가지바위 이래 이런데 가서 보찰 같은거 따서 술한잔 하면서 거기서 인자 봄놀이 소풍을 하거든. 소풍간다 그러면 그 사람들을 기분전환을 한번 시켜주면 한 두달 또 이렇게 생활 할 수 있게 또 만들어주고.

딸 : 거 왔다갔다 하면 안 돼요? 한 달에 한 번씩.

최경숙 : 그런데 그때는 왔다갔다 할 수 없는 게 배가 지금처럼 여객선이 다니는 것도 아니고. 울릉도를 갈라 그러면은 배를 대절을 하다던지 울릉도 배가 인자 와가지고 나갈 때도 그렇고. 그 배 꽁짜로 나가는 배들이 없어, 다 대절하고. 또 그 당시 그때 80년대 돈으로 배 한 대 대절하는게 한 80만 원 90만 원씩 이래 했거든. 그게 이게 소라 전복을 많이 해 놓으면은 그거를 한 번씩 실고 갈 때 가는거는 인자 아저씨들 한 사람 내보낸다던지 그래가꼬 우리 독도에 들어오는 배 있을 때 같이 들어오고 그래하고. 우리 전복양식장 해삼 그튼거를 그때 그 당시에 생물로 울릉도 갖다 팔면은

돈이 너무너무 되잖아. 그런데 해삼을 잡아가꼬 한 달 이
상 놔두면 해삼에서 코가 나오기 때문에 상품 가치가 안
돼. 그때 해삼을 다 삶아 그 좋은 홍해삼도 다 삶고 이래가
지고 이 삶은 해삼을 가지고 약물 처리해서 딴딴하이 말라
가 중국에다가 수출하는거야.

딸 : 수출도 했어요?

최경숙 : 중국사람이 사가가. 해삼은 중화요리 중국요리잖아. 겨 우
리나라 사람들은 이거를 어디다 서울쪽에 가꼬 가면은 우
리 독도해삼만 받는 전문적인 중국 아저씨가 있었어. 울
아부지하고 연락 통해가꼬 그래 하고. 할아버지가 또 그거
한거는 전복 양식 전복 양식할 때 다 이거 전복 진주를 만
든다고 이렇게 하는데 한날은 어디 가가.

딸 : 진주?

최경숙 : 서해안 어디 갔다가 여름에 갔다 오시디만은 올해는 독도
가서 전복 진주 양식을 해야되겠데. 근데 양식에 실패했는
이유가 전복에다가 상처를 이래 내더라. 상처를 꾹 뚫어가
지고 그 뭐 엿티만은. 독도는 바다가 인자 동해바다 넓으
니까 한 한울타리에 넓으니까 전복을 두 마리를 끈을 묶
아놔. 그따 시시가 끈으로 묶아놔가꼬. 그라고 전복이 즈
그가 일렬로 맞차가 가는게 아니자나, 지는 일로 갈라 그
러고, 한 놈은 일로 갈라 그러고. 그러이끼네 하나는 마 두
마리다 해녀가 나중에 들어가보고 있으마는, 얼마 동안 있
다가 들어가보고 있으면 한 마리는 죽어가 더르르를 하고
있고 한 마리는 하고 있데. 그러이 실패를 했어. 왜냐허믄

이게 어느 공간에 물속에다가 이래 해야되는데 넓은 바다에 그 때리여놓으니까 줄로 묶아 놓으면 안 되는 거잖아. 그래가지고 전복에 제일 전복을 잘까묵는거는 문어.

딸 : 문어가 전복을?

최경숙 : 문어가 전복을 잘 먹어. 문어 불가사리 이런 것들이 전복 소라를 잘먹거든.

딸 : 독도에는 양식장을 만들수가 없는 건가? 바다 안에?

최경숙 : 바다는 자연 양식장이지. 바다 안에 양식장 자체는 물살이 쎄서 거 전부 독도가 이래 있어도 동도 서도 이래 있는데, 여 동도 앞에는 해삼이 많이 집중적으로 모여 있는데 해삼이 많고, 물골쪽 가다보면 요 히디바우 요 앞에 보면은 전복이 많이 있고 어디 이래 군데군데 많이 나는 데가 있다. 여러군데 다 있는게 아니고 집중적으로 나는 데가 있데. 그리고 인자 유월달쯤 되면 방어 날 때 되면은 아버지가 내를 배를 태아가꼬 방어 이렇게 배 위에서 인자 낚시줄 이래가 인자 방어 끄진바리를 해. 그라믄 인자 낚시를 빼놓고 배가 통통통통 간다아이가. 낚시줄로 이래 있으면 방어가 그 낚시줄을 매그등 물그등 물며는 "아부지 물었어요!"라고 하면 시동이 딱꺼. 시동끄고 땡기면 방어가 이만한기 잡혀.

딸 : 진짜로?

최경숙 : 어 땡기가 올리가지고 그 즉석에서 피빼가지고 배에서 회 처서 그라고 그 자리에서 회 먹고. 이래가 오고. 그 방어를 마이 잡으면 인자 소금에 간을 해가 놔두는 거야. 그래

가 우리 아버지가 여 나무색 잠바가 있었다. 돕바 겨울철에 이거를 내가 돌아가실 때까지 이것만 입었는거. 겨울철에 이것만 입었는거 내 기억난다. 독도는 이 옷 이 옷 밖에. 할아버지는 독도에 사시면서 양복 한 벌로 사셨고, 큰언니 시집갈 때 양복 받았는 거 양복 한 벌로 사셨고, 매 작업복 입고 다니시고 잠바도 그 하나로 사셨고. 참 너무 너무 근면성실하게 사셨거든. 얼매나 진짜 울아버지는 그래가 그 독도에 와있는 해녀들 말고. 사공 아저씨들은 울릉도서 전부 다 술고래들이다. 그래가꼬 배도 안태아주고 있잖아. 그런 사람들을 아버지가 대꼬 갔다. 그 사람들 대꼬 가가 독도에서 밥미기고 다 해가 그 사람들 술을 먹으면 곤조가 곤조가 되게 있거든. 근데 절대로 곤조 못 피운다. 아버지가 딱딱 절제 자제했거든. 그래가 독도에서 사오개월 생활해가 울릉도 가면은 목돈을 몇 백씩 그 사람들 벌이잖아. 상상할 수도 없는 그 돈들을 손에 쥐게 해주니까 그 사람들이 그게 얼매나 사람들이 사람들이 관리를 잘하냐믄 할아버지가 23년동안 살면서 독도에서 사고 하나 나서 사람 다친게 없었다. 그 정도로 철두철미하다. 그리고 술 술 그른것도 윗에 윗목에 보면 술 창고가 있다. 그 창고에를 괘짝을 만들어가 술을 다 담아가 잠가놓거든. 겨 아저씨들이 밤에 술먹고 싶을꺼 아이가? 할아버지 자면은 얼마나 먹고 싶겠노? 조금 주면 간에 기별도 안 가잖아. 훔쳐 물라꼬 열쇠를 겨 열쇠를 아부지가 내가 있을 때는 나를 매끼놔. 옛날에는 밥하는 아줌마 있을 때는 내 안

갔을 때 그 밥하는 아줌마 살살 꼬시가 한 병씩 훔쳐먹고 이랬는데. 내가 매끼노면 내 인자 나는 아저씨 내 말 잘들으면은 내가 한 병 훔쳐주고 이라그든. 근데 몇 병 있는지는 세알려는 안 놓잖아 열쇠 열쇠만 갖고 있는거지. 그래가 있제 한날은 그 쪽에 있는 괘짝에 있는 열쇠를 즈그들이 희안하이 조작해가 열으니까 할아버지가 문어 건조장 거 우에 한자리를 술을 짊어매고 뒤로 해가지고 올라가가지고 술을 땅바닥 땅을 파고 묻고. 반도 안 내려왔는데 문어 건조장 거 반도 안 내려 왔는데 어떤 아저씨가 장군이라는 아저씨가 할아버지 뒤에 먼저 올라가가지고 술 파묻는 거 보고 있다가 술병 파묻는거 보고 있다가 할아버지가 중간에서 내려오는데 소줏병이 바다로 빙 날라가드래. 뛰는 놈 우에 나는 놈 있다고 지는 하마 묻고 내려오는데 한병 까고 바닷물에 던지는데 그 정도로 술에 환장해가 사람들이 있었지. 습기가 많이 때문에 유일하게 먹는거는 술이잖아 그래 그것도 그렇고.

아저씨들하고 참 올라가믄서 물골에 가면 도시락을 사가 간다아이가. 도시락 사가 갔다가 엄마가 제일 어리니까 엄마한테 마차준다고 아저씨들이 그 집 뒤에 그 계단 제일 꼭두 옆으로 트는데 길에 거기서 춤을 춘대이. 아저씨들이 인자 일리뽕 절리뽕 도시락에 마치 몸을 흔들면은 찰칵찰칵 소리가 나잖아. 그래 아저씨들도 춤추고 놀고 마차준다고. 그러고 인자 겨울에는 방에서 말타기 놀이 있제? 말타기 놀이에 어른도 50넘은 어른이나 20살년 내나 같이 말타기 장난하고.

딸 : 말타기?

최경숙 : 응! 하고 그렇게 마차주고 참.

딸 : 엄마 근데 친구를 데려 갈 생각은 안 했어? 혼자 쓸쓸하잖아.

최경숙 : 친구 거 누가 가겠노? 친구라고 거 갈사람 누가 있노? 독
도에 나는 아버지 일이니까 가믄 머 아버지가 있으이끼네
간다하지. 나도 독도만 간다믄 도망가뿌는데. 그래도 아버
지한테 잡히가 가고 잡히가 가고 이랬는데. 진짜 가기 싫
었다 독도에.

「영원한 독도인 최종덕」 영상자료

(KBS 방송국, 1983 제작, 미방영)

동경 131도 52, 북위 37도 14 동해 바다 위에 우뚝 솟은 작은 바위 섬, 대한민국 울릉군 울릉읍 독도리 동쪽 끝자락에 있는 우리 국토다.

아나운서 : 일반인들이 알기론 독도에는 민간인이 안 산다고 그런데 말이죠. 언제부터 여기 사셨습니까?

최종덕 : 한 19년 돼요.

아나운서 : 그럼 1년에 얼마동안 여기에 사십니까?

최종덕 : 한 10개월은 여기 살아요.

아나운서 : 아, 10개월.

정태산 : 울릉도 이 밑에 살적에 그 분이 독도를 평상시에 앉아 있
　　　　으며 관심을 가져요.

기자 : 예.

정태산 : 60년도에 박정희 울릉도에 올찍에 이 길에는 사람 서이도
　　　　못댕겼어요. 리아까도 글코.

기자 : 그래요. 네네네.

정태산 : 그때 저 섬에 가가 사람이 살아야 그 증인이 된데.

기자 : 아이고.

기자 : 그게 가장 큰 역사적인 자료입니다.

정태산 : 그그 그래 그래가 인자 그때부터 계속 최종덕씨가 내가 독
　　　　도가서 살테이까네 자네도 여기 있지 말고 독도 한번 온나
　　　　와가 내가 들어가 있으테이까네 그래. 그 인자 물이 귀하
　　　　이까네 묵을 물이 없어가 그 산을 넘어가 물골에 가가 물
　　　　을 갖다가 사람들이 묵는기라 산을 넘어가가.

나레이션 : 독도의 생명수라고 불리는 물골, 이곳에 사람이 살 수

　　　　있게 하는 샘물이 솟는 곳이다.

남자1 : 괜찮지?

남자2 : 예.

남자1 : 약간 간간하지? 바다에서 물떨어지면 참….

정태산 : 지금도 인자 지금 물나는 장소를 최종덕씨가 섬을 댕기면
　　　　서 그거를 알았는기라 알아가 흘러나오는 물을 세멘으로
　　　　요래 막아가.

기자 : 아….

정태산 : 그것을 샘을 맨들었는기라.

기자 : 아, 그랬어요.

정태산 : 그때부터 물골에 사람이.

기자 : 살 수 있는.

정태산 : 어민들이 거기 가가 생활하고 묵고 살고 이랬는기라.

정태산 : 그 사람 무시 못합니다. 작고를 했지만도 우리여 독도를
　　　　위해가 정말로 빛난 사람입니다.

고순자(할머니) : 여기 해봐도 안 되고 저기 해봐도 안되고….

기자 : 음….

고순자 : 이제 여러군데 집을 짓어봐도 위에서 돌이 떨어져.

기자 : 예.

고순자 : 돌이 저 화 그 뭐시고….

기자 : 화산.

고순자 : 화산 맞은 돌이니까 붙잡아보면 버슥버슥해 그니까 이제 지신 현재 지신 현재 집 그 장소 밖엔 집 시을 데가 없어. 그러니까 거기서만 집을 지서 가지고 태풍이 와도 까딱 없고 비 처 벼락 떨어지면서 비가 와도 까딱이 없어. 그 이제 집을 지은 자리에는….

고순자 : 처음에는 조그마하게 해가지고 스렛트 한 몇 장을 덮어가지고 살았으이. 살다가 또 좀 있다가 있시니까 여유가 있어가니까 세멘도 사가고, 또 머 이 나무 같은 것도 사다가 문도 만들어 놓고 방도 좀 꾸며가 놓고 그렇게 차츰차츰 해가면서 살아왔지예. 한 번에 다 한 해에 다 지신 게 아니라.

기자 : 그렇죠.

고순자 : 차츰차츰 살아가면서….

기자 : 선생님 사시는 집은 어디에 있습니까?

최종덕 : 저 건너 아있습니까. 저건너 바로 앞에….

기자 : 아, 저기 저 저기에 인

제 선생님 집이고….

최종덕 : 저기 인자 보이는건 인자 저거는 기곗배 고예….

기자 : 저 위에는 뭡니까?

최종덕 : 저 위에 저거는 인자 문어건조장이고.

최종덕 : 건조장이 거 밑에 다 해놨는데 그 건조 잘 됩니다. 잘 되고
　　　　밑에 저는 어… 요 쪽에 있는거는 두 칸은 어… 저 우리가
　　　　어… 사는 온돌방이고 이 쪽에는 창고입니다.

기자 : 그러면 저기로 어떻게 건너가십니까?

최종덕 : 여 저 전마선 타고 이렇게 파도 많이 치면 기곗배도 못내
　　　　고 이럴 때 전마선 타고 왔다갔다 하지.

기자 : 파도 쎌 때는 못 건너 가실 때도 있으시구만요.

최종덕 : 예예. 어대예 여기 오면 파도 많이 치면 배를 잘 안 내죠.
　　　　이보다 더 치면 그러니까 기상도 대고 오늘도 보니까 날씨
　　　　도 좋고 이러니 넘어왔죠.

기자 : 일단 동도에는 내리는데 서도까지 갈라거려면 더 이제 기상
　　　　조건에 좋아야 가는구만요.

고순자 : 기상을 잘 알아야 독도 생활 합니다게. 또 아저씨는 눈 깜
　　　　고 앉아가지고는 일본 기상 밖엔 안 들어요. 그러면서, 바
　　　　람이 어디꺼지 왔다 며칠되면 또 파도가 쎕니다. 그렇게
　　　　말해요.

기자 : 네.

고순자 : 그렇게 말하면 실수가 없거든….

고순자 : 그 독도 파도는예. 독도 파도는 간단하게 생각했다간 큰일

나요. 서로 믿어야 삽니다. 나는 아저씨를 믿고 아저씨는 우리를 믿고 우리 해녀들을 믿고…. 그면 아저씨가 치(배운전)자방 바다에 가면 우리도 물밑에 들어가서 안심하며 작업하고 다른 사람이 치 잡으면 아 마음이 좀 불안해.

양경란 : 딴 사람들이 머 기상 보면 몇 번 사고나지, 기상을 모르면 예고를 모르면 독도에서 작업 못 해요.

양경란 : 나도 처음기니까에, 작업을 한창핸디 파도가 많이 안쎈는디 집에 가제.

기자 : 느닷없이 갑자기 이렇게….

양경란 : 갑자기 가자니까 무슨 일 때문인고.

기자 : 괜찮은데 왜 가냐고 하니까….

양경란 : 빨리 배로 올려다는데 가만히 일루 처다 보니까 바다가 잔잔한디 작업할만한디 생각 햄시게. 그런데 한 시간도 안돼신가 그냥 막 파도가 밀려 옴신게.

고순자 : 주름에(내 뒤를) 내 따라 옵니다.

양경란 : 금방.

고순자 : 아침엔 반반하거든요. 오늘 여기 그치 반반해가지고 작업 나가면.

기자 : 순간적으로.

고순자 : 작업을 조금 하다보면 참 아줌마 말따나 이제 그 소라 하나 잡아가지고 아이고 이 알뜰이 주서가 우리 아들 뽀바이 과자 하나 사줘야지 하며 막 꼭꾸라져 작업하다보면 우에서 팍팍 잡아댕기, 아저씨 왜 잡아 댕깁니까 하면 아저씬 저기서 바람 터져요. 그래, 집앞에 들어가기 전에 바람이

터져브러예 갈바람이 터져.

기자 : 그렇게 갑자기.

양경란 : 집 앞에 금방 와선 배를 뭍에 올리는 순간에 막 파도가 몰려와요. 난 처음에는 파도는 잠잠한디 작업을 안해하고 생각 했신디.

기자 : 그런 속에서.

기자 : 안전사고 없이.

양경란 : 그런 걸 알기 때문에 안전하게 작업을 한거야. 그런 걸 모르면….

고순자 : 그런 거 모르믄 작업 못 해.

양경란 : 아무나 못 해.

아나운서 : 그러시면 여기서 1년 동안 얼마나 사시고 말이죠, 여기선 무슨 일을 하고 계십니까?

최종덕 : 여기서 우리가 사는 거는 한 10개월 정도는 사는데 이제 1년 12달 계속해서 여 살라케도 요새는 뭐 저 모구도 아니고 깔따구 뭐 그런기 있어요. 그기 뭐 뭐 도저히 견딜 수가 없으요. 그래가 건 한 두어 달 간은 저 본토(울릉도)가 있다가 인자 그지 후로는 또 계속해서 여기 와가 작업하고 있어요.

아나운서 : 여름에 더울때는 깔따구 있으니까 한 두달 동안 울릉도에 계시다가 그담에 1년내내 여기서 사시는구만요.

최종덕 : 네.

아나운서 : 그러시면 말이죠. 저 여기서 사시면서 다른 주민이 없으

니까 외롭거나 그렇지는 않습니까?

최종덕 : 그렇지는 안 해요. 처음부터 그래 각오를 하고 들어오니
　　　　까…. 아, 여 들어올때는 뭐 우리끄정 산다 또 안 그러면
　　　　또 여 경비대원들도 있고 하니까 네 뭐 그래 믿고 함부래
　　　　그래 있으니까 뭐 외롭고 그런 감은 안 느껴요.

아나운서 : 그럼 여기서 양식업을 하십니까?

최종덕 : 네. 양식업도 하고 여러 가지 많이 다하지예 작업하는
　　　　데….

아나운서 : 1년에 얼마정도 수입 얻습니까?

최종덕 : 수입은 1년에 총 생산고는 한 2천만 원 정도 나올라나….
　　　　네. 그러고 뭐 양식해놨는거 그기 인자 시행되면 문제 좀
　　　　따지요.

고인호(할아버지) : 아, 그때만 하더라도 독도를 최종덕씨가 마 우리
　　　　　　　　　땅을 만들기 위해서 독도에 살았는지는 거는 속
　　　　　　　　　내용은 모르고 우리가 알기로는 으 그걸 독도를
　　　　　　　　　개발함으로 해서 소득에 자기가 먹고 사는 데 돈
　　　　　　　　　이 좀 안 벌어지겠나….

황보윤(할아버지2) : 미역 그튼거….

고인호 : 그렇게 인자 먹고 살라꼬 갔는거 아니냐.

기자 : 예예. 맞습니다.

고인호 : 생각하는데 인자 지금 이래되고 보니까 인자 국가차원에
　　　　서도 뭐 안 있었나 뭐 이렇게 좀 느낄수가 있죠.

기자 : 어떻게 기억하시나요?

고인호 : 기억은 뭐 독도 그 개발에 선두자고 그 담에 지방적으로도
그 오징어 잡이 그 불을 켜고 하는데도 뭐 그런데도 연구
를 울릉도서 최고 빨리 개발했어요. 또 그 어른이 바다보
다도 또 기계에 대한 남다른 소질이 있어가지고….

기자 : 기계요?

고인호 : 예. 그 독도 가면 인자, 그 파도가 세면 배를 달아 올리는
거 그것까지 인자 장치를 하고….

기자 : 배를 달아 올린다는게 무슨 뜻이에요?

고인호 : 그러니까네, 파도가 세면….

황보윤 : 배가 깨지니까….

고인호 : 깨지그든요. 그니까네 파도가 2~3m다 치면, 배는 3~4m
다 이상으로 달아 올리는기라. 저 멀리….

기자 : 아, 매달아 놓는거요?

고인호 : 매달아 놓는…. 예. 뭐 그런 기술을 개발했어요.

황보윤 : 그런 머리가 있어요.

기자 : 아, 도르레. 네네.

고순자 : 공사도에 여기, 공사도 저기 저.

기자 : 지금도 저 이대로 다 있는 거에요? 그럼?

고순자 : 다 있어. 여기가 물밑에 반구가 있어예. 반구가 있으니까,
바위가 있으니까. 이제 그 공사하는 사람들이 그걸 구멍을
뚫어가지고 저 화포질을 하그든예. 기미 날 보고 들어가라
그 구멍에다가 약을 넣으라 하믄 나가 그 구멍에 약을 놔
예. 약 놔두고 퍼뜩 나오면은 팡팡해여.

기자 : 아줌마가 다 하셨어요?

고순자 : 반구 여 물밑에 반구 다 쪼갰어.

나레이션 : 독도를 무인도가 아닌 사람이 사는 섬으로 만들어간 이
들의 노력이 곳곳에 배여 있다. 갈매기만 넘을 수 있다
는 경사 70도의 급사면을 쫓아 만들었다는 천개에서 두
개 모자란 계단, 남쪽 기슭의 집에서 섬 반대편의 샘터
인 물골까지 이르는 유일한 통로다.

기자 : 그럼 동도 공사할때도 아버지가 개입을 하셔서 일을 하고?

최경숙 : 다 거진다 하셨어요,

양경란 : 할 수가 없지, 딴 사람은….

고순자 : 딴 사람은 하지도 못합니다.

양경란 : 그긴 기계 장비가 안 들어 가는데 어떡해요. 아저씬 다 머
리로 연구하면서 어떻게 어떻게 했지만은 딴 사람 일반 사
람은 그 머리를 쓸줄 몰라 못하지….

기자 : 예.

최종덕 : 그러고 여기에 제가 시작할때는 제가 양식해가지고 조메
우에되면 여기 주민을 좀 많이 살면 좋겠어요.

아나운서 : 다른 주민도 와서 살았으면 좋겠다. 이거죠?

최종덕 : 그것을 제가 거거 그거를 제 힘으로 마련할까 싶어요.

고순자 : 독도에 저 거기 주민등록을 옮기지 않으면 독도에 다니질

못 했어.

기자 : 음….

고순자 : 해녀들한테도 못 들어 가게 돼있었어.

기자 : 음음….

고순자 : 그러니까 아저씨가 주민등록을 옮기세요. 해가지고 옮겨
　　　　　놨어.

기자 : 음…. 그러면 최종덕 씨 같은 경우에는 완전한 마을을… 그
　　　　　거….

고순자 : 동네지.

기자 : 동네를 형성 해놓으셨네.

고순자 : 동네를 만들어 가지고 이제 아줌마 주민등록까증 다섯 호
　　　　　수만 되면….

기자 : 예.

고순자 : 집을 다섯호수만 되면은 한 동네가 되니까….

기자 : 예.

고순자 : 이제 우리 사는데 하고 무녀쟁이(문어잡는사람)들 사는데 하
　　　　　고 또 요쪽에 또 창고 하나가 있어.

기자 : 예.

고순자 : 그러면 세 개 또 바닷가 좀 붙여가지고 기둥 좀 세워가지
　　　　　고….

기자 : 예예.

고순자 : 집을 요렇게 짓어가지고 거기 관광객들 오면 고기 낚으라
　　　　　고 한다고 아저씨가 그렇게 했어. 양식장 헌디.

기자 : 예. 예예예. 음….

고순자 : 거기다가 이젠 기둥을 세워가지고 위에는 집을 짓어가지고 고기 낚으러 오면은 관광객들 오면 거기 앉아서 고기 낚으라 한다고 그걸 하면은 이제 서너네집이 되잖아.

기자 : 예.

고순자 : 되면은 이제 한 동네가 될꺼다 그래서 그때 주민등록 옮겨 났지.

아나운서 : 그러시고 말이죠. 독도는 다른 사람들은 우리 국민들은 머릿속으로만 아 독도구나 그러는데 실제 여기 사시니까 다른 사람보다도 독도에 대해 애착이 많으시겠어요?

최종덕 : 글쎄, 여기 한번 와보면 안 와보면 여 섬에서 우에 사는고 싶지만 와보면 그 또 그대로 또 괜찮아요. 어 오늘같이 파도가 세면 좀 머 어떻게 섭섭한 것도 있고 갑갑할 따름이지만도 파도가 좋고 하면 여긴 어획물도 많이 나고 갈매기도 날고 또 배도 보이고 그라믄 외롭은 것도, 시간가는줄 몰라요.

아나운서 : 갈매기가 친구가 되는구만요.

최종덕 : 하하하.

기자 : 독도는 최종덕 씨 집이다.

황보윤(할아버지) : 그렇게 생각했지.

기자 : 민간인 입장에서 그렇게 애정을 쏟는 분이 있었어요?

황보윤 : 아? 아 그만치 애썼는 사람이 없어.

고순자 : 정부에서건 어디서건 아저씬 일절 도움받은 것이 없어. 도
　　　　 움받은 것도 없고 돈을 갖다 써라해도 아저씨는 절대 안
　　　　 써.

기자 : 음….

고순자 : 그냥 그 바다에서 작업하면 작업해서 벌면은 당신 주머니
　　　　 에 돈 백만 원 들어오면 거량, 그걸로 내 투자하는거라.

기자 : 독도에?

고순자 : 네. 뭐 기계도 사왔다가 뭣도 사서 왔다가 하면서, 식구미
　　　　 (부식) 한번해서 올라믄 한 한달에 식구미를 경비정 마다
　　　　 우리 식구미 신구오지요.

고순자 : 그 때 돈 돈백만 원 더 들어요. 그래가지고 실어다가 먹고
　　　　 또 하고 모자라면 융자라도 좀 타고 저 받아가지고 하세요
　　　　 그러면, 에 그거 시끄럽게 그런 짓 안 한다고….

양경란 : 저기 독도에 길만 닦아놨지. 거기서 독도에서 돈 번건 하
　　　　 나도 없다고….

고순자 : 그래게 돈 번거 없어.

고순자 : 거기에서 돈 벌면서 그 돈이 남으면 그걸로….

양경란 : 독도에 또 투자를 해.

고순자 : 투자를 해가지고 살아온거…. 아저씨 말고 빈 손에 누가
　　　　 그 독도에 무인도에 가서 투자하면서 살 사람이 어딨어….

기자 : 인간적인 면에선 어땠어요? 좋은 분이셨어요?

울릉주민 1 : 좋지요. 좋아요. 그라고 이 이 부지런키를 뭐 우리 뭐
　　　　 속된 말로 부지런다 해나되나 말도 못 해요. 타고 나

가는 리더쉽이….

기자 : 리더쉽이….

울릉주민 1 : 우리가 생각지 못 한거를 개발해내요. 신기하다고….

기자 : 보통 분이 아니셨어요?

울릉주민 1 : 보통 사람은 못하지. 내가 스물 한 살, 스무살 때부터 그거 들어갔으이끼네. 이십이년. 아 그렇네.

기자 : 독도에 사신지 23년만에 돌아가셨어요. 예예.

아나운서 : 저 그저 따님하고 함께 사시는 모양인데 말이죠. 따님 저 다른 분들은 도외지나 이런 사는데 말이죠. 도외지 며 울릉도라든지 큰 섬에 사는데 이런 아무도 없는데 사 시니까 외롭거나 그러지는 않으세요?

최경숙(딸) : 외로운거는 잘 못느끼겠는데요. 혼자 다 바닷가에 다 일하러 나가시고 나면 혼자 있을 때 조금 외로워요.

아나운서 : 언제부터 여기 들어왔었어요.

최경숙 : 학교 졸업하고 한 3년 됩니다.

아나운서 : 독도에서 3년 사셨구만요.

최경숙 : 네.

아나운서 : 지금 결혼했습니까?

최경숙 : 아뇨?

아나운서 : 독도에 처녀가 사시는구만요.

최경숙 : 네.

아나운서 : 곧 결혼하셔야 되겠는데요. 독도하고 인연을 끊어야겠 네요.

최경숙 : 모르겠습니다. 잘요.

아나운서 : 결혼해서 남편 데리고 아버지 옆에서 살고 싶지 않으세
요?

최경숙 : 살고 싶어요. 네.

독도둥이 '조한별' 탄생 KBS 보도

(1981년 1월 24일 KBS 밤9시뉴스)

앵커 : 여러분 안녕하십니까? 우리의 영토인 독도 땅에서 아이를 낳겠다던 한 여인의 집념은 그녀의 산고가 독도로 돌아갈 시간을 기다려 주지 않아서 오늘 울릉도에서 출산하고 말았습니다. 땅은 울릉도 땅이었지만 정신은 독도에서 태어난 독도둥이의 건강을 빌며 외로운 우리의 영토를 지킬 한 아이를 낳아준 그 여인의 산고에 박수를 보내고 싶습니다. 올해 27살난 최경숙씨의 산고는 그녀의 아이를 독도에서 낳고 싶다는 꿈을 실현시켜주지 못했습니다. 폭풍우 때문에 뱃길이 막혀서 울릉도에 머물던 독도인 최경숙씨는 오늘 오전 9시 55

분쯤 건강한 딸을 울릉도서 낳았습니다. 울릉도에서 김흥규 기자의 보도입니다.

김흥규 기자 : 독도에 사는 유일한 부부 주민인 조준기씨의 부인 27살 최경숙씨가 오늘 오전 울릉도에서 건강한 여아를 낳았습니다. 독도둥이 출산을 위해서 그동안 울릉도에서 뱃길을 기다리던 최경숙씨는 동해안 일대에 내린 폭풍주의보 때문에 미처 독도에 가지 못한채 오늘 오전 9시 55분쯤 울릉군 도동 의료원에서 예정보다 보름가량 빨리 몸무게 3킬로그램의 건강한 딸을 출산했습니다. 주위 사람들의 따뜻한 축복 속에 생후 11시간이 지난 이 시간에도 엄마 곁에 나란히 누워 깊은 잠에 빠져있는 아기의 모습은 평화스럽기만 합니다.

최경숙 : 여자 아이지만 건강하고 이쁘게 잘키워서 독도를 지키는데 한몫하겠습니다.

⛰ ⛰ LIVE 화제집중 '나의 집은 독도'

최경숙 : 별이야.

나레이션 : 그녀가 급하게 발걸음을 옮긴 곳은 딸 한별이의 방입니다.

최경숙 : 빨리와.

딸 : 엄마나 인터뷰 더 해.

나레이션 : 어머니의 젊은 추억이 있는 독도 한별이와 독도의 인연도 그 못지 않았습니다. 책상에서 꺼낸 것은 한별이의 주민등록등본 경북 울릉군 울릉읍 도동리 산 67번지 독도의 옛주소이자 한별이의 출생지입니다.

기자 : 고향이네요?

조한별 : 네. 고향이에요.

나레이션 : 그러나 일본에는 절대 없는 것이 있다. 바로 독도가 고향인 사람, 19살 한별이가 주인공이다. 한별이는 지금 고향으로 가고 있다.

조한별 : 독도에서 태어나서 두 살때 이후로 처음가는 거니까 17년 만에 가는 거죠.

나레이션 : 한별이의 외할아버지는 지난 65년부터 독도에 들어가 산 독도주민 1호. 이후 한별이의 가족 모두 독도에 들어가 생활했고 한별이는 오빠와 함께 독도가 고향인 유일한 사람이 되었던 것. 독도가 눈앞에 보이자 한별이가 울음을 터트렸다.

아주머니 : 감회가 남다른가봐요.

나레이션 : 어렵게 도착한 독도.

최경숙 : 옛날에는 이 줄을 붙잡고…. 이 계단 없을 때는 올랐갔는 줄이에요. 이게 30년 넘은 줄이에요. 이게….

나레이션 : 살아 생전 할아버지가 손수 만들어놓은 계단을 따라 힘겹게 올라가는 한별이…. 한별이가 독도에서 해야할 일이 있기 때문이다.

조한별 : 저희 외할아버지가 생전에 여기 묻히고 싶어 하셨던 장소였는데 큰 건 아니지만 제가 만들어 왔어요. 할아버지 여기다 모셔 두고 싶어서 가지고 왔거든요.

나레이션 : 돌 암초에 불과했던 독도에 풀을 심고 샘을 만들고 사람

이 사는 섬으로 만든 할아버지.

조한별 : 할아버지…. 너무 보고싶어요….

나레이션 : 그 할아버지가 오늘 유난히도 그립다.

최경숙 : 후세에 누가 여기에 살아계셨고 어떻게 처음 이렇게 개척
이 되었고 하는 것을 우리 밑에 후세들에게도 좀 알려야
된다고 생각해요.

제주 해녀 고순자와 최경숙 대담

(2008년 9월)

최경숙이 최종덕추모회 회장과 같이 제주도에 가서 최종덕과 함께 독도에서 생활한 제주해녀 고순자를 취재한 내용임.

회장 : 이렇게 어르신 몇 가지를 제가 요약을 해서 왔어요. 그래서 오늘 이제 우리 추모회를 발족을 시켜서 살아오신 이야기를 듣고, 그리고 그것을 자료로 만들어서 이제 제대로된 독도 독도의 역사를 알려야 될 것 같고요. 또 어르신이 갖고 있었던 그 한 많은 그 그런 것들 있잖아요? 세상에 좀 알려서 제대로 되길 좀 바라는 마음에서 우리가 왔어요. 몇 가지 좀 말씀을 드릴께요. 원래 제주에서 태어나신거죠?

고순자 : 일본서 태어나 가지고예. 일곱 살에 어머니 돌아가시가지고예….

회장 : 그러셨구나.

고순자 : 예. 일곱 살에 어머니 돌아가셔가지고 일곱 살에 제주도 왔거든예. 그래서….

회장 : 그래서 지금까지 사신 거에요?

고순자 : 그래서 이제 국민학교 들어갈라니까 한국말을 몰라 가지고 2년 공부를 해가지고….

회장 : 해방되고 오셨군요.

고순자 : 예예. 해방되고 그래가지고 이제 일본말을 치워놓고 한국말 배워서 국민학교 들어가서 졸업을 하니까 열여섯살에 졸업을 했었을꺼라. 하하. 에예 열여섯살에 졸업을 하니까 이제 그 우리 할머니는 옛날 큰아들 동경 명치 대학까지 마친 분입니다. 게, 겨나 무조건 손자고 아들이고 공부만 해라, 너희들 공부만 해라 요렇게 헙니다. 게, 겨나 이제 나 중학교까증 중학교가라 중학교가라 할머니가 그래도. 쫏 나는 그 중학교 가면 이제 열여섯, 또 우리 아부지가 하는 소리가 지금 나이 열여섯인데 니가 중학까징 나오면은 몇 살이 되나? 해녀질을 해라 해녀질허고, 이제 니가 결혼을 해라 결혼을 해서 사는게 좋지, 중학교 허면 뭣을 허냐? 이제 경허 밑에 해녀질을 배웠어요. 배워가지고 하….

회장 : 올해 연세가 일흔셋….

고순자 : 일흔세 살.

회장 : 그럼 현재 여기 사시는 곳이 그러면?

고순자 : 삼도일동.

회장 : 삼도일동 제주시.

고순자 : 삼도일동 577-2번지. 흐흐.

회장 : 그럼 슬하에 자녀는 어떻게 두셨어요?

고순자 : 뭐 아들 딸.

회장 : 아들 딸.

고순자 : 뭐 아들 딸은 나가 본처는 자식이 없어예. 자식이 없으니까 재혼했는데 여기 왔습니다예. 오니까….

회장 : 예예.

고순자 : 큰 어머니에 아들 하나 또 딸 두 개가 있어예. 그니까 3남 2녀 1남 예 겨 있으니까 경허는 왔는데 나가 또 우연히 자식이 있어예. 자식이 있어가지고, 아들 하나 놓고 딸 하나 놓고….

회장 : 그래서 총?

고순자 : 오남매.

회장 : 오남매 두셨구나. 예…. 그리고 저 그러면은 열여섯살 그때부터 계속 해녀 생활을 해오신 거에요?

고순자 : 예예. 해녀 생활 계속 했어요.

회장 : 그래서 언제 그러면 독도를 언제 가셨어요?

고순자 : 딱 나 사십 살에 갔수다. 거기 사십 살에 겨나 그것이 한 73년도.

회장 : 73년도.

고순자 : 경 그렇게 된거 같수다.

최경숙 : 내가 초등학교 4학년때 청룡호 타고 열시간짜리 배….

고순자 : 열시간 배를 타고 아침에 울릉도 도착해서.

회장 : 그러면 배가 어디서 출발?

고순자 : 포항 포항에서,

회장 : 포항에서

고순자 : 포항에서 출발해서 갔는데…. 뒷태는 원리 이 동짓달에 갔
는데 11월 달에 갔는데 다음 다음 해에 6월 7월달에는 카
페류 그거 타고 나왔어요. 거나 그 카페류 들어가자마자
나가 그 배로 나와가지고….

회장 : 예. 그러셨구나. 그럼 73년도에 이제 들어가셔서 첨에는 몇
개월 거기 울릉도 계시다가 독도 바로 들어가셨어요?

고순자 : 바로 독도 들어갔지요.

회장 : 예.

최경숙 : 봄까지 있었지.

회장 : 그럼 어떻게 해서 거기 독도 어떻게 해서 가셨어요? 참 궁금
해요.

고순자 : 흐흐. 독도는 경숙이 아버지가 해녀 작업을 했거든예. 해
녀를 모집을 해가지고….

회장 : 네.

고순자 : 이제 열 사람이면 열 사람 스무 사람이면 스무 사람하니
까…. 아저씨가 소문을 들어가지고 내가 다이브를 잘한다
해가지고예 머구리리질을 잘한다 해가지고 날 찾아가 왔
어예 집에.

회장 : 그러셨구나. 찾아오셨구나.

고순자 : 예. 여기 찾아와가지고 아줌마 해녀질 하러 갑시다 허길래 해녀질 하러 가면 돈은 얼마 법니까? 물엉. 백오십만 원 못벌면 당신이 묶어준다는거라. 내가 가서 이제 백오십만 원을 못 벌으면.

회장 : 그 당시에 73년도 백오십만 원요? 하?

고순자 : 예예. 백오십만 원을 이제 못 묶어 주면 당신이 묶어 준다고 협디다예.

회장 : 그랬어요.

고순자 : 그래가지고예, 아… 기면 가보쿠다. 개, 11월달에 가는데 눈은 펑펑 오는데 하 울릉도에 가니까 이제 시운전을 나갔어예, 뒷날은, 시운전을 나가니까 수경을 다 거기 써보고 물밑에 들어가라고하영 들어가서 천추(우뭇가사리) 한 망태 가득 뜯고 나왔죠. 한 망태 뜯고 나오니까, "아줌마 이제 독도 갑시더"합디다. 하…. 독도가 어떤 데고 갈 때는 나가 터진 바지를 요만큼 터진 바지를 입고 갔어예. 돈이 없으니까 어떡해요. 이제 바지를 터진거 입고 가니까 이제 일하러 독도 가는 사람이 아줌마 아무리 돈이 없더라도 이 터진 바지는 입고 다니지 마세요. 흐흐. 이럽디다예. 아이고 돈이고 뭐고 원, 이거 거리 멀어 영 어디가믄 므신 돈을 법니까? 하니까, 저 초저녁에 갔는데 아침이 밝아와 가나니 독도섬이 보인다는 거라. 이제 난 그 때 멀미해가지고 그냥 꼭꾸러져 있으니까 고개를 요렇게 들어보니 쪼그만한 섬 하나가 보여예. 아, 저게 독도로구나 해 이제 갔어. 가니까 아닌 게 아니라 가보니까 그때는 뭐 집도 어슬푸지

배 올리는디도 어수선해가지고 그냥 엉망진창이지, 짐 올
릴라허니 뭐 사람이 죽을 지경이여. 하…. 이런 데서 돈을
어떻게 번다고 생각해도, 그래도 사람이 정이 드니까예.
아 이 영 헌디서 돈 벌어야된다 영험 마음을 들어가지고
예. 막 악착같이 했어 걔. 이제 물에 들어가가지고 밑에 가
면은 소라가 하나 보이면은 올라오다가 또 줍고, 소라 하
나 하나를 팔면 우리 작은 놈 뽀빠이 하나 사주겠지 경하
고 작업했어.

회장 : 예.

고순자 : 이십 원예 이십 원 하나에 이십원. 흐흐.

고순자 : 이십 원. 아 뽀빠이 하나 사겠지 하다가 팍팍팍 막 추워도
　　　　그걸 강 참고 했지.

회장 : 그 때 그럼 손주가 있었을 때였어요?

최경숙 : 아니 얘.

고순자 : 작은 아들.

회장 ; 작은 아들.

고순자 : 우리 작은 아들 다섯 살에 떨어놓고 갔거든.

기자 : 세상에 그래서 어떻게 계셨어요?

고순자 : 그러니까. 물밑에 들어가면 이 수경에 물이 다 눈물 눈물
로 다 차가지고 이제 경하여 배위에서 이제 올립니다.
그래서 올리면 우리 제주말로 왜 거서 올렸어예 영허면 물
먹고 물 뜨신물 여기 중간수물 여기 몸에 담그고 기서 다
시 들어가세요. 그래. 경숙이 아버지가 게. 너무 추우면 사
람이 못한데요. 물밑에 들어가가 하여튼 물밑에 들어갔다
허면 요거 소라 하나면 뽀빠이가 하나다, 소라 두 개면 뽀
빠이가 두 개다, 하도 자식들을 너무 고생시키니까예. 돈
이 없어서 너무 고생시키니까예. 그래서 거기서 작업을 허
니까 아닌게 아니라 올때 되니까 백오십 만원 돈이 됐어
예. 백오십 만원이 되가지고 그걸 아이고 이 돈 백오십 만
원을 나가 어떻게 가지고 나가나? 가다가 쓰리꾼 만나는
건 아닌가 하고게.

회장 : 그래서 얼마만에 백오십만 원 모으셨어요?

고순자 : 예?

회장 : 얼마만에.

고순자 : 겨울에 가서 오월 유월꺼지 해가지고예겨. 내가.

회장 : 세상에 6개월 하셔가지고….

고순자 : 경… 가지고 내가 유월 제주도 갈때는 내가 어떻게 브라자
속에 놔가까? 어떻게 허까? 막 망설여. 울릉도 와서 그 말
을 허니까 어른들이 다 웃는거 아니? 그래서 이제 그 돈을
제주에 보내 주니까 영감이 아파서 홀랑 들어가지, 생활비
아기들 다섯 생활비 허지 허다보니까예, 그 돈은 못 모았
집디다게.

회장 : 남편께서 부군께서 편찮으셔서….

고순자 : 예예.

회장 : 들어가고.

고순자 : 저 우리 영감이 간경화있지 당뇨있지 그래노니까예. 하….
　　　　돈도 많이 벌긴 벌었습니다만 어디야 갔는지….

회장 : 뽀빠이 이십원짜리 뽀빠이를 위해서 그 눈물이….

고순자 : 예예.

회장 : 수경 속에 다 적셔지도록 일을 하셨구나. 예. 정말 그 제가
　　　　최경숙씨한테서 듣기로는 그 물골 공사한 얘기 들었어요.

고순자 : 예예.

회장 : 계단이 제가 한번 제가 광복절에 독도를 갔다 왔드니 알게
　　　　됐거든요. 그때 가서 해양경찰청에 안내하는 사람이 방송 마
　　　　이크를 잡고….

고순자 : 예예.

회장 : 관광객들한테 이 얘기를 했어요. 여러분 저기 독도 보이시
　　　　죠? 저기 긴 선이 하얗게 보이죠? 저게 바로 물골 올라가는
　　　　계단입니다. 저게 있기 때문에 우리나라 국토로 인정을 받았
　　　　습니다. 그렇게 말을 했어요.

고순자 : 아, 응응.

회장 : 그런데 듣자니까 그 계단이 998개 더라고요.

고순자 : 예에.

회장 : 두 개 모자란 천개를 해서 거기에 지고 다녔다 했는데….

고순자 : 가장 기억에 남는 일이예. 우리 처음 갈 적에는 산이 요렇
　　　　게 있는데 물이 없어예 물이 없는데 그 요런 홈배기가 요

렁게 남아 있어예 산에서 요렇게 내리는기 남아있는데 물
이 졸졸졸 비가 오던 안 오던 크게 가물지만 안허면 물이
졸졸 흘려.

회장 : 아….

고순자 : 아저씨 이 물은 어디서 나오는 겁니까하믄 저 물골에도 물
담는 통이 있어요. 이믄 물통에 이제 날 구진 날은 옷을 막
옷이 추잡헙니다게 그렁 이게 옷이 빨람입니까 뭡니까게.

회장 : 그렇죠.

고순자 : 옷을 이제 주섬주섬 주서서 이제 물골에 빨래예 빨래하러
가는디. 가이당에 없으니까 줄타고 갔어요. 줄을 타고 남
자들은 먼저 앞에 올라가는 놈은 줄을 땡기고 마주 올라가
는 놈은 막 궁둥이를 밀리고 그렇게 하면서….

회장 : 두래박이 올리듯이….

고순자 : 예. 그 두래박이 올리듯이 산을 올라가고 또 내려갔어요.
내려 갈때는 지르륵지르륵 미끄럼 타는 모습으로예.

최경숙 : 안그러면은 배를 타고 뺑 돌아와야 되니까.

고순자 : 아, 겨고 또 파도 치면은 못가니까 또 날 좋으면 작업해야
되지. 겨니까 어짤수 없이 이제 그 길을 크게 넘어감시 가

면 그 물골이라는게 이 요만큼 통이 저 큰 구댕이가 있어예. 물고이는 구댕이가 있으니까 아저씨가 하는 소리가 이 바닷물이 이래 파도를 쳐서 오기 때문에 물이 짭니다. 당히 짭썹니다게 깅하면 생채로 물을 먹지도 못해예 하이타이로 머리 감으면에 머리꺼텡이 폭 떠가꼬.

최경숙 : 호호호. 그 때 처음 나온 삼푸가 유니나 삼푸.

고순자 : 하이고, 말도 못헙니다.

최경숙 : 바닷물로 씻는게 더 낫다.

고순자 : 차라리 바닷물이 나사예 머리꺼텡이 붙어가지고 때지도 못해. 그건 때지도 못 해가지고, 이젠 허니까 아저씨가 한 일년, 한 이 년이지나니….

회장 : 그 물을 드시고 사셨어요?

고순자 : 예. 그 물을 먹고 살았거든예. 걔나 십삼 년 동안 그 물만 먹었거든예.

회장 : 어이구후.

고순자 : 걔나 영감씨가 하는 소리가 이 앞에다가 세멘으로 요렇게 스라브를 쳐가지고….

회장 : 못들어오게.

고순자 : 못들어 바닷물을 못치게 허면 물이 덜 짭을꺼다. 기래가지고예. 바닷물에서 모래를 파가지고 모래도 아무대나 없습니다. 거 동도 앞에 허고 가재바위 옆에 밖에 없습니다.

회장 : 바닷속의 실정을 잘아시니까. 어르신께서.

고순자 : 예예. 그래가지고 그 뒤서 모래를 이제 영감씨 처음에는 이제 자리에 담으라고 해가지고 자루에 그게 들어갑니까게.

최경숙 : 바닷속에서.

고순자 : 바닷속에서.

최경숙 : 수심 10m 밑에서.

고순자 : 그 걸 담으라고 해가…. 아이고 저 절대 저기 거 자루에 담지는 못하겠습니다 허니 이제.

회장 : 물 속에 나가다 보니까.

고순자 : 영감씨가 이제 연구를 한거라예. 연구해가지고 저거 이제 올리자 모래를 올리자 올려가지고예 이젠….

회장 : 발동기로 이제….

고순자 : 발동기로 그거 기계로요. 그걸 이젠 또 산 만당에 올리는 거라 모래를 올려가지고, 그 물골에다가 그 영가운디예….

회장 : 네네….

고순자 : 스라브를 친거라예 치니까.

회장 : 그 공사도 그때 최종덕 어르신께서 하신 거네요?

고순자 : 예. 그 아저씨가 하신거. 개나 독도든 어디든예 공사 한거는 저 이제 저 삼층 짓었다는거 말뿐이지. 그 사람 김성도는 말 뿐이지. 그 전에 공사는예 아저씨 바딱한겁니다. 그래가지고 이제 그이 그거를 이제 요렇게 세워 노니까 산에서 해수를 치니까 비가 오면 그 해숫물이 그 물통대래 그 물이 내려와 그래서 물이 짜와.

회장 : 그렇죠.

고순자 : 그 요렇게 세와도 스라브층 세와도 닉닉헌기.

최경숙 : 닉닉허니.

고순자 : 짜 짜와 그니까 그래도 이제 그 물을 먹었는데 순경들이

한번은 파도를 쳐가지고, 파도를 안 치고 안 치면 날이 좋았거든예. 아침에 날이 좋은 데다가 심심하니까 이것들 뭐 보트 타고 물골에 간다고. 물골에 가면은 그 돌이 요렇게 밀어가지고 만드는 돌이 있어예, 만드는 돌이 있는디.

회장 : 만드는…. 예예.

고순자 : 저 어디 설랍에 어디 있긴 있을꺼우다만은.

최경숙 : 아….

고순자 : 그 돌을 주시래. 전경들이 다예 낮에는 다 심심허니까. 이젠 갔다가 파도가 갑자기 독도는예 갑자기….

최경숙 : 돌풍이 불어 잘 불어요.

고순자 : 돌풍이 불어예, 경허는 그 그때 전경이 많이 죽었잖아요. 전경이 많이 죽으니까 영감씨 아저씨가 하는 말이 가이당(계단)이 있으면은 사람이 위로 올라 갈수가 있었는데, 가이당이 없고 올라가는 길을 모르기 때문에 전경들이 죽었다. 경허 밑에서 아저씨가 가이당 놓기를 시작했어요.

최경숙 : 김성도 씨 그때 없었잖아?

고순자 : 성도는 없었고 그 그 사람은….

최경숙 : 그 때 계단 만들 때.

고순자 : 계단 만들 때는 없었고.

최경숙 : 계단 만들 때 나도 알아, 장군 있었고….

고순자 : 장군허고, 저 누게고…. 저 용문호 선장 그 사람 그 사람은….

최경숙 : 최태현이….

고순자 : 최태현이 그 사람은 했고, 또 정군….

최경숙 : 종찬이 아재하고 정군 있었나?

고순자 : 정군인가 누겐가….

최경숙 : 장군하고 정군이 젤 많이 짐 지어 올랐다.

고순자 : 그르이….

최경숙 : 나도 그때 밥해주고. 아부지한테 지게 작대기 맞아 가면
서….

고순자 : 으흐흐흐흐.

회장 : 그니까 그 물골에 물이 짰던 이유는 이제 파도가 쳐서 해수
가 바다에 그 바위에 치면서….

고순자 : 예예.

회장 : 그것이 고여가꼬, 다시 물골에 들어가니가 물이 짰던거다아.

고순자 : 그렇게 아저씨.

기자 : 원래 거기서 나오는 물은 아닌데….

고순자 : 원래 거기서 나오는 물을 짰는지 안 짰는지 그것도 몰라
요.

최경숙 : 닉닉해.

회장 : 닉닉했겠죠. 아무래도 돌 사이에 나는 거니까….

고순자 : 경허니까. 그 스라브를 쳐노니까. 그래도 먹을만했어요. 먹
을 만 해가지고 이거 가이당 묵기 시작을 해놨는데 몇 달
을 몇 달을 그 가이당을 놔가지고 물도 없는데다가, 그 가
이당을 놓자니까에 영감씨가 그래서 영감씨가 먼저 빨리
돌아가신거 같아. 너무 신경을 써가지고 신경을 좀 덜써야
되는디. 그냥 밤에도 잠도 잘 안 자고….

회장 : 그러면 그 계단 공사나 물골 공사가 독도 가신 지 얼마만에

하신 일이었어요?

최경숙 : 한 80년도에 한 7, 8년 넘어가꼬 했지.

고순자 : 아니여.

최경숙 : 83년도에 했다 그거….

회장 : 한 10년 정도 사시다가….

고순자 : 아니, 10년 안 돼.

최경숙 : 10년까지는….

고순자 : 한 5, 6년….

회장 : 5, 6년 정도.

최경숙 : 아니지.

고순자 : 5, 6년 넘었다.

최경숙 : 내가 들어가 내가 79년도에 처음 들어갔는데 아부지 이제
십년 다 되갈꺼에요. 그때가….

고순자 : 하믄 한 8, 9년.

최경숙 : 아, 8, 9년 됐어요.

고순자 : 8, 9년 됐어요.

회장 : 그러면 물골 공사 하고 계단 공사 시절에 어느 게 가장 기억
에 남으세요? 가장 고생했던 대목이 그 대목이신가요?

고순자 : 예예.

회장 : 그 계단 공사로 모래 퍼올린 그거?

고순자 : 모래 퍼올린 그거예.

회장 : 바위에다 구멍 뚫어서….

고순자 : 구멍 뚫어서…. 아….

회장 : 일본 배들이 독도에 왔어요? 그거 얘기 한번 해주세요.

고순자 : 하하하. 일본사람들? 왔어. 그럴 때는 그냥 이 일은 뒤로
하고 막 쫓았다고….

회장 : 일본 사람들 자주 왔었어요?

고순자 : 일본 배. 배.

회장 : 배가 왔어요?

고순자 : 배가 작업 배가 가끔 한번씩 와예, 자주 매일 매일 오는 건
아니고 어쩌다가 보면은 그 일본 배가 그 독도 근방 한 이
백매다 삼백매다 정도 왕 서있어예.

회장 : 그게 이제 어부.

고순자 : 어부들.

회장 : 고깃배.

고순자 : 고깃배 오징어 잡으러 오징어 잡는 배가 왕 있으면 우리가
작업을 짝 나가면예, 바로 막 도망칩니다. 그 배가….

회장 : 어….

고순자 : 우리가 물속에서 작업을 하는데 아저씨가 잡아 당겨 올려
서 막 쫓아 갑니다게. 가다가 우리 배는 조그마하고 늦으
니까 막 쫓아가다가 아우 아저씨 돌아갑수다. 이제 무섭수
다 그랬어. 그면 돌아와서 작업하고 그랬어.

회장 : 그런 날들이 많으셨어요?

고순자 : 예예. 가끔 경했습니다.

회장 : 그러니까 정말 실제로 독도를 지킨 순시역할 순시선 역할도 하신거네요. 그 일본인 분들에 대해서 평소에 어떤 생각을 가지고 계시던가요? 최선생님께서….

고순자 : 아…. 저노무 저식들 만날 고기잡으러만 온다고만 합니다. 저것들이 여기 안 와야 되는데 지깃들이 복잡하구나…. 한번은예…. 작업을 나갔다가, 아저씨가 우리보고 저기서 이제 바람이 터져요 그르믄 그런가 보다 들어오니까…. 그 포구 안에 탁 들어오는데 태풍이 태풍이 와당탕 막 불어 자치니까….

회장 : 그러니까 이제 흐름을 보고 아시고?

고순자 : 예. 아시고…. 아저씨는 알아예 어느 만큼 바람이 왔다는 걸 아저씨는 다 알아예….

회장 : 아….

고순자 : 또 기상도예. 어떻게 어느 날은 기상이 얼마나 된다 하면은 이삼일 있으면 또 태풍 불어요. 그때랑 쉬세요. 이렇게 할때도 있고예. 아저씨 막 머리 비상합니다. 그 사람은.

회장 : 독도의 완전 산 선각자이신거 같아요. 선각자.

고순자 : 흐흐흐흐. 그니까 저 서도 만딩이(998계단 위)에 묘 쓸 자리 당신이 그 곳을 다 파났어요. 아저씨 죽으면 여기 묘를 서서 뱃사람들이 오면은 술 한잔 부어 놓으라 그래서….

회장 : 네.

고순자 : 그렇게 까증 다했어요. 기니.

회장 : 돌아가시면 그렇게 해달라 하시면서….

고순자 : 예. 겨이 이제 저 허….

회장 : 가셨구나…. 한숨을 자주 쉬시네요. 옛날 생각하니까 속이
　　　많이 상하시는거 같은데….

고순자 : 아이고….

회장 : 이제 한국 정부도 최경숙 씨랑 여러 군데 다녀봤어요. 근데
　　　독도에 대한 역사가 바르게 된 데가 없어요.

고순자 : 없습니다. 예.

회장 : 없고 얼마전에 그 뉴스 나오는 걸 봤는데, 우리나라 독도자
　　　료가 공식적으로 오십 그 쉬은 두 군데가 있대요. 근데 그 다
　　　독도자료가 잘못됐다고 나왔어요. 그래서 이제 이 일들을 바
　　　르게 하는 거에 대해서 조금씩 인식을 하는거 같아요.

고순자 : 예.

회장 : 네. 그래서 좀 앞으로 좋은 소식들이 TV를 통해서 나오실 겁
　　　니다.

고순자 : 좋은 소식이 들어야 나도 죽어도 눈감지예. 그래서 아저씨
　　　한테 가서 아저씨 막 독도 좋아졌수다요. 요렇게.

회장 : 흐흐흐. 예 그렇게 하실려고요?

최경숙 : 다 보고 계실거야. 아버지는. 지금 독도에 가서 지키고 계 실거야. 기가 차실꺼다.

회장 : 보통 사람은 도저히 독도에 살 수 없는데….

고순자 : 아…. 도저히 못삽니다. 아이고, 못삽니다. 젊은 사람들 갔 다가 그대로 와요.

회장 : 그래서 지금은 독도 생활 거서 그럼 몇 년을 하신거에요? 총?

고순자 : 13년.

회장 : 13년.

고순자 : 너거 아버지 돌아가시고 2년 2년하니까예. 나도 몸이 아파 서 못허급디다.

회장 : 주로 그때 당시에 그 최 선생께서 독도에서 이 거 일을 같이 하던 남자들이 그렇게 그렇게 술 술을 많이 마셨나봐요.

고순자 : 예.

회장 : 그 얘길 많이 듣게 되거든요.

고순자 : 술이 술을….

회장 : 술을 많이 먹는 그런 사람들을 데리고….

최경숙 : 아니요. 독도는 또 술이 없으면 안 되는게….

고순자 : 습기가 차가지고 ….

회장 : 습기 있다?

고순자 : 습기가 차가지고예. 일하는 사공들이 술이 없으면 안 돼.

회장 : 최종덕 어르신 혼자서 그 일이 가능했겠어요?

고순자 : 그렇죠.

최경숙 : 어머니가 계셨으니까.

고순자 : 그렇지.

고순자 : 내가 또 굴 물골에 굴이 있습니다. 굴이 있으면 그 굴 속에
들어가서 모래를 다 파내예. 파내면 옛날 그 제국 시대에
그 배가 큰 배가 부서져 가지고….

회장 : 예예.

고순자 : 그 저 뭐꼬. 바다가재, 가재 있지 않습니까?

최경숙 : 물개.

고순자 : 응. 물개 그 것이 그 굴 속에 들어가가지고예. 다 죽어가지
고예.

회장 : 그게 독도 안에 있단 말이에요?

고순자 : 그 독도 안에 굴 속에

회장 : 아 굴도 있었구나.

고순자 : 그 저….

회장 : 그 속에 그게 있었어요?

고순자 : 예. 그거 있어요. 있시니까 우린 그 모래를 막 파냈거든예.
파내다가 뼈다구 나오면은….

최경숙 : 사람 뼈다구다고 놀라서 도망가고. ㅎㅎㅎㅎ….

고순자 : 저 장군이라는 이 사람은, 아 이거 사람 뼈다구라고, 가재
뼈다구 아니라고, 이거 파묻어가 절해야 된다고 술 먹을라
고, 자기가 술 먹을라고 그렇게 합니다.

최경숙 : 아, 나도 그 때 그게 생각난다.

고순자 : 또 그 굴 안에다가 고기 양식장 해가지고 영감 지 고기 기
른다 해가지고. 날 보고 양수기 짊어지고 들어가라고 하
네. 이젠 남자들 보고 아저씨들 양수기 좀 들어갑수어라,

아무도 못 좀 들어간데. 그때 그때 내가 그 때는 성도도 있었다. 양수기 짊어 지고 갈 때는…. 그래가지고 이제 그 경으로 우리 제주도 말로 그 좆뻬어가지고 갈매기나 주시오. 나 짊어지고 갈라이. 별 별걸 다 해봤다.

회장 : 그 독도 유인화 하실려고…. 그 일념 하나로 사람 사는 땅 하나 더 만들려고….

고순지 : 예예.

회장 : 그 일념 하나로….

고순자 : 그렇죠 그렇죠. 게나 아저씨는 나라에 돈을 땡겨다가 쓰는 것도 아니고….

회장 : 정부가 지원도 안 하고….

고순자 : 지원도 안 해주고…. 뭐 당신 뭐 돈이라도 좀 어디 식사허쇼 영 허지도 안 허고….

회장 : 네.

고순자 : 어디 이제 저 돈이라도, 아니 융자라도 좀 받아가지 하는 이 말 한마디도 안혀고. 당신 번 돈으로 거기 투자하고 거기 투자하고 보니, 당신 돌아가시니까 뭐 돈이 십원이 있어요? 아무것도 없어요. 그 사람.

최경숙 : 그런데 울릉도 사람들은 다 우리가 잘먹고 잘살았다고.

고순자 : 잘 먹고 살았기 밥이야 맥여줬지.

최경숙 : 밥 못먹고 사는 사람 어디 있을려고.

고순자 : 생활해는 거 해주는 거 뿐이지. 뭐 돈이나 어디 저금해 가지고 통장에 돈 몇 십만 원 몇 백만 원 몇 천만 원 있다는 이거는 없어. 아저씨가.

회장 : 네.

고순자 : 만날 거기 투자허고 거기 투자허고….

회장 : 그만큼 사람 생활 하는 데 편리하게 할러고….

고순자 : 예예.

회장 : 그래야지. 이것이 우리나라 국토로 인정을 받기 때문에 그
분이 평소에도 주민 몇 사람만….

고순자 : 맞습니다.

최경숙 : 그러죠 그 이야기 좀 해주요

고순자 : 아저씨가예. 저 아줌마는 여기 집 짓어서 살구. 당신은 여
기 집 짓어 살구, 누가 또 여기 한 사람 해가지고 살구….
세 가구만 지시면은 이제 한 마을이 된다. 우리 주민등록
을예 독도로 옮겨놨습니다예. 퇴거해가 났으예.

회장 : 아, 아주머니도 하셨어요?

고순자 : 예예 퇴거 해가지고예. 하, 그때 그때는 독도에 저 아무나
들어가지 못해났습니다.

회장 : 그렇겠죠.

고순자 : 그니까 이제 주민등록 퇴거 해오라니까 드렸지.

회장 : 그런데 주민이 살 마을을 만들기 위해서 그냥….

고순자 : 예. 그러. ㅎㅎㅎㅎㅎㅎㅎ. 그래서 내가 퇴거해가가니까….
우리 제주도서는 나 독도 가서 죽었다고…. 이제 퇴거해간
거 보니까 무슨 일이 났다면서는 여기서 가족들은 오죽 얼
마나 애를 썼을까예.

회장 : 그러셨구나.

고순자 : 했는디…. 아줌마는 똑 여자리에 집을 지스세요. 나는 여

기 집 짓고. 여기만 지시면은 태풍아니고 대풍이 불어도 돌이 안 떨어져예. 그 집이 이제 있는 집, 지신 집이 돌이 안 떨어져요. 다른 데는 돌 떨어져요.

회장 : 그 이야기를 좀 해드리지.

고순자 : 화산이 되가지고예. 어 돌이 버슥버슥 이제 올라가보면 알지만은 돌을 요렇게 건드리면 다 떨어집니다. 그거 갈매기가 앉았다가 날아가면 뚝 떨어지는 그 돌이 밑으로 다 내려와예.

회장 : 아, 알겠어요.

고순자 : 그니까 비오는 날은 못나가게 합니다. 아저씨가 비오는 날 나 다니지 말라고.

최경숙 : 올해 가니까 이쪽에 우리 저번에 미역해가지고 염장해서 간재기 해놨던데 있잖아요? 거기 한쪽 산이 다 무너졌더라고 그 쪽에가….

고순자 : 아…. 이디 무너져….

최경숙 : 여기 말고 여기는 괜찮은디. 이쪽에….

고순자 : 무너져. 무너져….

최경숙 : 배 배짝에 옆에 여기에 땜마 올렸던데. 여기가 여여 요쪽에 우리 미역 염장해가지고 소금 간재기 났는데 이까지 이 돌방구가 없다니까.

고순자 : 돌반구가 없어. 아….

최경숙 : 위에서 돌이 무너져가지고….

고순자 : 아.

최경숙 : 나무기둥 있는 데 한 군데 있었잖아요. 복판에 똥밭에 가

기 전에 거기….

고순자 : 음….

최경숙 : 거기 다 무너졌더라고.

고순자 : 여 머 무너진다 여기….

회장 : 그렇게 위험한 곳에서 십수 년을 이십 몇 년을 이렇게 사시고….

최경숙 : 비오면 이 쪽으로는 못 가요. 돌이 떨어져가.

고순자 : 돌 떨어져가지고예.

최경숙 : 화장실도 그리로 못가게 그냥….

고순자 : 하하흐흐. 여기서 저기 여 어디고 요만큼 요디로구나. 요만큼서 그때는 경숙이 오빠가 왔어. 오빠가 와가지고 뭐 줄꺼는 없고 비바람은 치고 오길래 해산물 갖다가 요렇게 장만해줬으예. 나는 성질이, 누가 오면 그 사람을 뭘 먹고 가야 마음을 놓지, 안 먹고 가면 막 마음이 섭섭해. 기나 경숙이 오빠가 오길래 해산물 가지려 여기 갔는데, 이 위에서 돌이 떨어져가지고. 나 여기 여기 돌맞아가지고예. 잘도 고생했수다.

회장 : 그러셔서 더 그러시구나.

고순자 : 저 돌 누가 맞는다 맞는다 행게, 누가 나 위에 떨어질줄 알아. 그게 머리 맞았시믄 죽어.

회장 : 머리 맞았으면은 어쩌실뻔 하셨어요.

고순자 : 여기에 맞으니까예, 피도 안 나고 멍장구 들어가지고예, 며칠을 그냥 고생했수다.

최경숙 : 그리고 여기 독도는 통솔력 없으면은 여러 사람들 거느리

지못해. 참.

고순자 : 그냥 한 식구로 생각해야돼.

회장 : 그렇죠.

고순자 : 우리 여 네 사람이면 네 사람 한 마음을 가져야지. 안 그러
면 못삽니다. 너고 나고 할때는 못살겁니다.

회장 : 독도에는 이제 그 경찰청 군인들인가 경찰서 경찰이 있었잖
이요.

고순자 : 동도.

회장 : 동도에…. 그 관계가 어떠셨어요? 평소에?

고순자 : 그 관계는예. 아저씨가 날 흐리면은 아 집 앞에 요래 날이
좋으면은 전경들이 적적하다 해가지고예, 데리고 서도 와
가지고 술도 한잔 주고 또 해삼도 요렇게 썰어서 먹으라고
주고예. 아저씨는 혼자 먹는 성질은 아닙니다. 그래가지고
또 실어다 주고 하면은 전경들도 우리 서도에 오면 좋아가
지고….

회장 : 그렇죠.

고순자 : 뭐 이거 뭐 아줌마들 있네. 아저씨들 있네. 막 재미지예….

회장 : 그리고 또 전화선 연결한거를 들었거든요. 그 전화선을 연결
하시는데 어떻게 연결하시던가요.

고순자 : 아저씨가 그 산 만댕이에 이 그 동도에 가가지고 큰 바위
가 있어예. 요론 바위가 있는데 줄 한 번 감아놓고.

회장 : 줄 감아 놓고?

고순자 : 예. 줄 감아놓고, 그 동도 순경들 집에 가서 그거 연결 시
키고 우리 선도 가져와서 또 우리 집 앞에 전부 연결하

고…. 그거다 아저씨 머리에서 나와서 혼자 다 연결했어.

고순자 : 이거 어머니 사진. 이거 그 전경들하고 찍은 거 독도에
　　　　서…. 요고 니허고 나 찍은거…. 이거 우리집 이거 전경들
　　　　사진….

회장 : 바위로 이렇게 깨가지고 자연스럽게 계단으로 하셨구나. 어
　　　　머나 세상에!

최경숙 : 다 있네.

고순자 : 요건 용문호 독도에 왔을 때….

최경숙 : 울릉도다.

고순자 : 요건 가재바위. 요건 승길이. 요거 어머니 사진. 이건 제주
　　　　도 올 때 찍은거….

최경숙 : 아, 엄마하고….

고순자 : 요건 장군….

최경숙 : 이거 그때 다 올라가가 내가 찍어준거다. 전부다.

고순자 : 허허허허허허.

최경숙 : 그거 물골 공사하러 갈 때 찍었지. 안 그라믄 작업 안 하는
　　　　날….

회장 : 엄마하고 찍었구나.

고순자 : 이건 저 어디?

최경숙 : 우리 배?

고순자 : 배, 배 거거….

최경숙 : 동도 공사때 배에 있었다.

회장 : 오!

최경숙 : 동도에서 짐을 일루 올렸었어. 옛날에.

고순자 : 여기 공사도예. 여기 공시도. 저기 저기.

최경숙 : 우리 아버지가 다 했어.

회장 : 지금도 이대로 다 있는거에요? 그럼?

최경숙 : 지금도 있어요. 그거.

고순자 : 다 있을꺼우다.

최경숙 : 이게 지금 지금 자료다.

고순자 : 요것이 여기가 물밑에 방구가 있어예. 방구가 있으니까.

최경숙 : 바위.

고순자 : 바위. 바위가 있으니까 이제 그 공사하는 사람들이 그걸
　　　　구멍을 뚫어가지구 저 하프질을 허거든예.

회장 : 예.

고순자 : 그러면 날보고 들어간 그 구멍에다가 약을 노라하면 나가
　　　　구멍에 가서 약을 놔예. 약 놔두고 퍼뜩 나오면은 펑펑 터
　　　　져에.

최경숙 : 아줌마가 다 하셨어.

고순자 : 방구. 이 물밑에 방구 다 쪼갰어. 이렇게 방구.

최경숙 : 내가 말하고 싶은 거는, 우리 아줌마는 독도에 이 바다에
　　　　누가 무슨 독도에 오래 다녔다고들 하지만, 우리 아줌마

만큼 독도바다에 대해서 아는 사람 없어요. 여기서 독도에서만 14년을 생활을 했기 때문에 누가 과연 독도가 이보다 더 알겠어요. 독도, 이러면 모두들 내가 했다는둥…. 아휴…. 내참….

고순자 : 요거는 갈매기알 삶아서 춘옥이 아줌마하고, 요거는….

최경숙 : 음…. 춘옥이 아줌마.

고순자 : 돌아가셨어. 그 사람.

최경숙 : 영심이 아줌마는?

고순자 : 영심이는 살아있다. 요건 바람 불어놔가 바람 불어나서 막 그 배 다 파산되고….

최경숙 : 그 때야 이거?

고순자 : 응.

최경숙 : 한번 보자. 보자. 파산된 그 모습이다.

회장 : 이거 좀 잘 좀….

고순자 : 요거는 우리 그 집에서. 허허. 방안에서.

회장 : 아, 방안에서….

고순자 : 춤추고 먹고…. 허허.

회장 : 이야! 이거 기록사진이다. 다.

최경숙 : 이런 걸 이게 다 있는데 누가 백 번 천 번…. 아이휴…. 나
는 울릉도서 나올 때 사진을 하나도 안 가지고 왔어. 그 때
가….

고순자 : 응. 종찬이.

최경숙 : 그 때 김성도 아저씨가 계속 안 따라갔었어요. 김성도 씨
는

회장 : 기관장이라는 분이 이 분이라는 거네요.

회장 : 최종찬. 아버지 사촌 동생분.

고순자 : 예예.

최경숙 : 돌아가셨어요.

고순자 : 돌아가셨수다. 이 분은. 요것도 배….

최경숙 : 음…. 요거 한 척은 누구 배지?

고순자 : 한 척 용문호 아이가.

최경숙 : 아, 예. 용문호 그 때 와서 같이 작업했을 때구나.

고순자 : 어. 그래. 요건 가재바위. 요거는 가재바위에서 앉아서. 이
거 니네 외삼춘이고. 요고는 또 일허레 간 사람이고. 요건
니네 아버지고. 요건 나. 요고 우리 또 친구.

회장 : 대략 그러니깐 이 사진들이 몇 년도쯤?

최경숙 : 이게 한 83, 4년도쯤 될거예요. 이게 그제? 내가 그 때 외
삼촌 왔을때니까….

고순자 : 외삼촌 살 때니까.

고순자 : 이거 동도 올라갈 때, 그 동도 그 순경들 있는데 올라가는
데 이제 나는 토끼 잡아가지고 좀 쉬면서 앉아있는 거.

고순자 : 영감씨 돌아가시고 들어가보니까에 옷이고 뭐고 마딱 던

져부러 가지고 아무것도 없어졌어게.

고순자 : 이제 독도에서 저 장군이 젤 고생했습니다. 아까 사진에 그 장군, 그것이 내 그 안테나 젊어 지고서 이만당 저만당 댕기는….

회장 : 그 장군을 누구 말하는 거에요? 갑판장? 말씀이세요?

최경숙 : 아니요. 아니요. 우리 집에 일하는….

고순자 : 종업원, 종업원처럼….

회장 : 예예.

고순자 : 요 있네. 이 사람.

회장 : 어, 이 분이 돌아가셨어요?

최경숙 : 돌아가셨어요.

고순자 : 장군 죽어?

최경숙 : 거 울릉도에서 겨울에 얼어가 죽었다 그러던데? 술먹고…. 허….

고순자 : 못 살고…. 고생허는 사람들 데리고 가서 술먹이고 밥먹이고 예…. 방에 재우면서….

회장 : 그랬었구나.

고순자 : 하…. 단돈 10원이라도 벌면 그걸로 뭉쳐가지고 울릉도 나오면 그거 주고예. 그렇게 해서 영감쟁이 좋은 일도 많이 했습니다기에…. 많이 해가지고 쫏…. 살았지마는 뭐 갑자기 돌아가셔 부니깐…. 누가 뭐 누가 아는 사람이 있으며, 누가 어떻게 해서 어떻게 이 어른이 독도에서 살아서 왔다 하는 사람이 아무도 없습니다. 우리 좀, 나는 항상 이 아저씨하고 부부처럼 살았어요. 부부처럼 우리가 살아. 저 모

르는 사람은 저 신랑각시냐? 이럴 정도로 게….

회장 : 예예.

고순자 : 이 정도로 살았습니다. 기에 살아가지고 항상 그저 아저씨 뒤따라 다니고 아저씨 저거 하라면 저거 하고 이거 하라면 이거 하고. 나는 또 제주도서 고생해 가지고 돈 없이 사니깐 거기 가서 돈쫌 벌어가니깐…. 허이구…. 이런 데가 어디 있느냐고…. 고생은 생각도 안 하구예….

회장 : 예예.

고순자 : 그 사람 성도란 사람은 가끔 우리가 갈쩍엔 한 번씩 우리가 가가지고, 이 예를 들어서 노가다 판 이면은 예 일당으로 일당으로….

고순자 : 일당으로 예….

회장 : 일당으로 와서 일하는 사람.

고순자 : 예. 일당으로 와서 일하는 사람이었고, 또 그 각시도예…. 지금 독도에 가서 자기가 독도에서 삼십 년 살았다, 사십 년 살았다 해도 그 당시에는 김성도 집 애기들이 세 살, 다섯 살, 그 큰 딸이 초등(국민)학교 1학년 다닐땝니다게.

최경숙 : 그거도 우리 집에서 창고방에.

고순자 : 아저씨네 집에서 살면서 그런데 각시가 독도 가서 작업할
　　　　시간이 없었습니다.

회장 : 그렇지 애들이 어린데….

고순자 : 아이들이 어리니까….

회장 : 네.

고순자 : 또 누가 돌봐주는 사람이 없고 경허니까…. 게난 그 김성
　　　　도 하는 말은 고맙긴 허나 그래도 사람은 경우대로 살아야
　　　　합니다.

회장 : 그럼요.

고순자 : 이게 일차는 아저씨가 이러 이렇게 이렇게 해서 살아왔는
　　　　데, 이제 아저씨가 없으니까 그 다음에는 내가 들어와서
　　　　살고 있다.

회장 : 맞아요.

고순자 : 요렇게 해야 사람이 원칙이지.

회장 : 맞습니다.

고순자 : 무조건 내가 했다, 내가 살았다, 내가 모든 걸 다 했다 그
　　　　러면 그거는 사람이 아닙니다. 아마도 울릉도 사람들은 대
　　　　부분 다 알껍니다.

회장 : 네. 그렇죠.

고순자 : 정태산. 이 아저씬 다 알지.

최경숙 : 어. 정태산 어르신이 그러시더라고…. 너거 아버지가 독도 다 일그났는데 지금 빛은 성도가 다 보고 있다고 이라면서 그러더라고….

고순자 : 너무 억울허니깐….

고순자 : 기엔 이젠…. 막 독도니 뭐니 막 방송을 해. 보고 내가 혼잣말로 나한테 오면 하나에서 열 개까지 다 말해 줄껀데 그래 내가…. 허허허허 흐허허.

회장 : 그래가지고 최경숙 씨한테도 이제 이것 저것 이야기 하다가 마지막까지 함께 하셨던 분 계시면 한번 좀 찾아봤으면 좋겠다 했더니 늘 얘기를 하더라구요.

고순자 : 예예.

회장 : 그래서 혹시 고순자 아주머니가 그러면 어디 계신지 한번 찾아보자 이래갔구. 바로.

고순자 : 예.

회장 : 한 시간 있다가 연락이 돼가지고 얼마나 얼마나 기쁘던지요.

고순자 : 아유…. 그렇게….

회장 : 예. 이젠 건강도 잃으시고 그러셨지만 이 독도 땅을 지키시느라고 그렇게 큰 대가를 지불하셨네요.

고순자 : 아침에 작업 나가면은예 일본 배가 들어와예. 일본 배가 뭐 독도에서 막 작업을 해예. 그럼 아저씨 성질에 그건 또 그냥 보고 못 있읍니다게. 그래서 그냥 우리 배로 막 일본 배를 쫓아가믄 그들은 막 또 도망가. 그러면 우린 다시 와

서 작업하고 경했수다 이케….

회장 : 실제로?

고순자 : 예. 독도 지킨거랑 다름 없이 우린 살아왔습니다. 그렇게
　　　　했는데….

회장 : 예.

고순자 : 너무 너무 아저씨가 고생하여 돌아가셨수다게.

회장 : 예.

고순자 : 지금 살았으면 얼마나 참 좋은일이 많을까.

고순자 : 그러니깐 한솥에 밥 먹고 한방에 요렇게 한 대여섯 사람이
　　　　자고 그렇게하면서 살아오니깐에.

회장 : 예.

고순자 : 정을 그렇게 확 변할 수가 없어.

회장 : 그럼요. 그그….

고순자 : 여기서 항상 생각하면 아이고…. 쯧쯧…. 돌아가선 얼마나
　　　　억울할꼬 합니다. 어떤 땐 김성도 텔리비전에 나오면 에이
　　　　그 저 사람은 아무것도 아닌데. 그거 어중간히 훈장 하나
　　　　따가지고 그 사람도….

최경숙 : 옛날에.

고순자 : 옛날에 훈장하나 받았어. 월남 갔다 와서는…. 그래서 더
　　　　껑충거려여…. 뭐 40년 살았다면서 그리고 김성도가 그 말
　　　　만 하지, 뭐 최종덕 아저씨 이름은 거느리지도 않아요.

회장 : 그게 이제 고쳐야될 이야기다.

고순자 : 내가 너무 너무 경해가지고, 내가 이렇게 억울한디 저 죽
　　　　은 아저씨 가슴은 어텅 했실고 생각하면 가슴이, 나 가슴

이 이만큼 아픈디. 아저씨가 가슴, 안 아플 수가 이시랴.
그자 그렇게만 하고 있어요.

회장 : 최종덕 선생님 생전에 독도에 대해 어떤 계획들을 계속 갖고
계셨을거 아니에요?

고순자 : 예예.

회장 : 어떤 계획이세요?

고순자 : 전복 양식도 하고계, 고기 양식도 하자고 하면서 그 웅둥
이 막 파났어요. 막 그냥, 이제 그 웅뎅이 몰라 메어졌는가
어떡했는가. 물밑에 들어가서 왕돌 이만큼 한거 있으믄 그
거 줄 묶어가지고 기계로 끄서 올리고. 그 모래 그 자갈 다
파내고. 아이고, 지금은 지금 게난 아저씨가 살아 있으믄
전복 양식 하고예 고기 양식 하고예 헌다고예. 네하고 있
어요.

회장 : 그런 양식해서 좀 사람들이 많이 살 수 있도록 하실려고?

고순자 : 예. 그리고 그 문어 잡는 사람들도, 문어 잡는 사람들도 서
이면 서이, 너이면 너이 데꼬가서 그 문어를 아저씨가 다
받아요. 잡아오면은, 받아가지고 아저씨는 손해보던가 말
던가 그 사람 돈벌이들을 시키는 거지.

회장 : 예예. 그렇게 하시고….

고순자 : 아저씨는 그 문어 삶아가지고 말리다보믄 그것이 올바릅
　　　　 니까? 생으로 팔아야 되는데….

회장 : 예. 그렇죠.

고순자 : 예. 그 수송관계가 거기 다들 복잡합디다게.

회장 : 그렇겠죠. 아무래도 수송관계가 쉽지 않았을 거구…. 참, 고
　　　　 생 많이 하셨네요.

최경숙 : 그러니까 먼저 죽는 사람만 억울하죠. 뭐, 그리고 아버지
　　　　 돌아가시자 서울 어디에서 동판에 아버지에 관한 글을 적
　　　　 어서 우리 줬었잖아요? 그 때 독도에다가 설치했는 거 아
　　　　 줌마는 알고 있죠?

고순자 : 응. 바로 집 옆에.

고순자 : 거기 무너진 큰 집 작은 집 옆에, 어 거기 벼랑 벽바람에
　　　　 부쳐놨어.

최경숙 : 어. 거기 벽에다가 동판을 부쳐놨었는데 아버지 그게 없어
　　　　 져 버렸고…. 저게 독도가 아줌마 내가 뭐 쫌 물으께요. 아
　　　　 부지 거기 그때 모래건조 모래 그 우리 공사한다고, 계단
　　　　 공사 같은거 할 때 그 공사할 때 모래가 우리 물골 어느쪽
　　　　 에서 파서 했는지?

고순자 : 처음에는 동도 저 헤리콥터장 할 때 거 동도 앞에서 했거
　　　　 든. 모래작업을. 거기 모래를 싹 긁어냈어. 긁어내서 놔두
　　　　 니깐 파도를 쳐가지고 호스도 없어지고 모두 파도가 동도
　　　　 자갈밭에 갖다 던져불고잉. 모래도 끌어 내라불고. 그래서
　　　　 또 모래를 두 번 작업을 했어. 게 허다가 또 가이당 헐 적

에는 동끼를 감아가지고 산만당에 산만당에 동끼를 아부
지가 감아가지고 그 모래를 물골에서 파면서 그것은 육지
에서 물골 옆 그 굴속에….

최경숙 : 굴속에 물골 옆에 거기 왼쪽으로…. 예예.

고순자 : 물골 옆에요. 요쪽으로 요고는 물꼴이고, 요고는 그 굴이
라이 요거 굴이고. 요 굴속에서 모래를 파내면서 그 동끼
로 감아가지고 저….

회장 : 도르래로.

고순자 : 올렸어. 글로 저 산만당에…. 올려가지고 또 우리는 또 자
갈을 부솼어. 망치로 자갈 부수다간. 김치에 밥 가져간 거
산만당에서 밥먹으면서….

회장 : 대충 뭐 998계단 꼭대기 거기서요?

고순자 : 그래. 거기. 거기서 그때는 최태현이도 있었어. 게 이젠 그
거를 자갈 마상 거기서 버부려 계단을 물골 쪽으로 하여갔
고….

고순자 : 또 이쪽대로 해여왔고 또 동도에서 모래를 올려가지고 좀
실러다가 같이 보태가지고….

최경숙 : 그러면 그 동도에서 모래 올린거는 물속 바다 속에서 올린
거잖아요.

고순자 : 그래. 바다 속에서….

회장 : 아.

최경숙 : 호스 연결 해가지고.

고순자 : 호스해가지고 거 올렸다.

최경숙 : 예. 근데 계단 공사할 때는 그 때 남자분들이 누구 누구 있

었죠? 장군. 장군하고 종찬이 아저씨 있었고.

고순자 : 장군하고 종찬이 아저씨하고 최태현이하고….

회장 : 예. 그래 있었고. 아줌마들은….

고순자 : 우린 또 연심이허고. 나허고.

최경숙 : 연심이 아줌마하고 아줌마하고 내 그 때 밥해주고.

회장 : 그럼 그때 김성도 씨는 안 계셨나요?

고순자 : 김성도는….

고순자 : 작업할 때만 겨울철에 겨울에 작업할 때 오고 한번씩 작업 할때만 와가 있었고, 공사할 땐 그 사람 울릉도로 나와.

회장 : 그럼 계단 공사할 때는 없었어요?

고순자 : 예.

최경숙 : 무슨 공사를 해더라도 공사할 때는 그 사람은 안 와요. 안 오고.

회장 : 며칠 전에 신문에는 본인이 계단 공사를 했다고 얘기했어요. 맨 위에 꼭대기서부터 해내려왔다고 신문기사가….

최경숙 : 흠.

회장 : 그렇게 나서 저는 객관적으로, 이것이 어떻게 된건지 알고 싶은거죠.

고순자 : 이 밑으로 해서 집 앞에서 해. 갈때는.

회장 : 그렇죠. 어떻게 꼭대기서부터 할 수 있었을까요?

고순자 : 밑으로 해여 갔고. 또 저 물골에서는 저 위에서 밑으로 해 내려갔고 그렇게 했어요. 그런디. 그 와이아 줄을 질게 뽑 아가지고 그 동끼를 감으니깐 그 위에서 기계를 놔 가지고 그 동끼를 감았거든에.

회장 : 예.

고순자 : 감으니까 모래 다섯자리도 하고 여섯자리도 그 줄에다가 묶어가지고 올려보내면 그 와이어줄로 그냥 그저 공사하는 그 현장까지 옵니다. 와서 이젠 떨어치우면 거기서 또 비벼가지고 또 여코 여코 하면서 허니까예. 우리 아저씨 머리 따라 올 사람 아무도 없어요.

최경숙 : 그러면은 독도에 생활을 할 그때 하는 그거 독도에는 완전 아버지가 모든 거 하나하나 다 개발을 하면서 한거잖아요.

고순자 : 그래.

회장 : 만들어가면서 이렇게 하셨네요. 그죠?

고순자 : 그렇지. 그러고 물골도 물골가는 길에도 그 가이당 옆으로 물 줄기가 있어났어이. 비오고 나면은 그 물이 요만큼 한데서 졸졸졸졸 물이 나와 났어요. 나와 가지고 우린 이제 그거 비 오면 그 물받아다가 먹고 날 좋으면 또 물골에 가서 물을 실어오면은 그 물골에 물이 요만큼 베께 안되예. 요만큼 허믄 우리가 퍼오면 물이 없어. 물이 없으면 없으니깐 그래서 세맨 혀가지고 요렇게 물통을 만들자 해가지고 또 요만큼 해서 만들었거든예. 요만큼해서 만드니깐 물이 짭아예. 머리를 비누로 감으면 머리에 딱 달라붙어가지고 머리때가 안 가예. 그러니깐 이제는 바닷물이 해수를 쳐가지고 이게 물이 짭다. 그래가지고 그 가운데다가 또 요로케 기둥을 세왔어요. 찬물 안 들어 가게끔.

최경숙 : 바닷물 안 들어가게….

고순자 : 바닷물 안 들어가게…. 거 게니깐 이중으로 돼있어. 그게.

최경숙 : 그 공사를 내가 그 때 공사 여름에 공사를 할 때 아저씨들 밥 해줬어. 물골 공사 밑에 그 앞에 방파 그 밑에 수심을 굉장히 깊게 팠어요. 파도에 치면 떠내려간다고 그 때 2m 다 넘게 팠는 걸로 알고 있어요. 그거다 손으로 다 팠어요. 기계 장비가 없어가꼬. 그걸 다 육지같으면은….

고순자 : 깊게 파야 파도가 쳐도 안 무너지고 안 떠나니깐….

최경숙 : 예. 그게 쇠 파이프 다 꼽아가지고. 근데 그 그때 공사를 할때는 독도에 공사같은 거는 아버지가 거진다 구십 한 팔 프로는 아버지가 공사를 다 하셨어.

고순자 : 그렇고 말고. 저 옛날에 그 서울 동아건설에서 와가지고 저 헤리콥터장 짓고….

회장 : 예. 헬기장 공사!

고순자 : 또 이제 그 전경들 가면 그 와이어 감은 거 확 깔아서 무슨 동끼바위.

최경숙 : 그게 동도에서 전투경찰들이 그기 한 달에 한 번씩 교체를 합니다.

고순자 : 짐 짐올리는거.

최경숙 : 그러면 짐올리는거 거기 바다 앞에 둥그런거, 아까 그거 내가 찍어다 놨거든요. 아줌마 사진 좀….

고순자 : 응.

최경숙 : 산에 우리 독도에 우리 그 때 토끼가 굉장히 많았어요.

고순자 : 산토끼가 많이 있어요.

회장 : 오오오.

최경숙 : 그런데 나무 그거 심고 나무 깍아 먹는다고 토끼를 대량으

로 다 잡았었어요. 토끼 소탕작전 했었거든요.

회장 : 어떻게 거기에 토끼가 그렇게 많아요?

고순자 : 어떻게든지 토끼가 그렇게 많아.

최경숙 : 토끼를 한 두 마리 가져다 놓은 게 그렇게 많이.

고순자 : 예. 막 눈 오다가 날 좋으면 떨어져서 죽은 거 본….

회장 : 음. 거기 누군가가 토끼를 풀어놨었나 보다.

고순자 : 갖다 내 버린거다.

고순자 : 그냥 자기들이 관리해가지고….

고순자 : 이건 82년도?

최경숙 : 네 82년쯤일꺼에요. 그때가 동아건설에서 와가지고 헬기
장 건설했고 그 해병대 소속 공병대 애들이 왔고, 해군 에
리시티가 와서 육해공군 다 합동작전 했어요. 거기에 전부
다.

회장 : 음.

고순자 : 전두환 대통령 취임식한 기념식으로 독도에다가….

최경숙 : 예. 취임한 기념으로 독도 헬기장 공사했는 걸로 저는 알
고 있어요.

회장 : 아, 헬기장?

최경숙 : 예. 헬기장.

회장 : 음.

최경숙 : 그 때 그 특별지시로 했잖아요. 그거.

회장 : 취임한 후에? 그 기념으로?

최경숙 : 예.

회장 : 취임기념으로 독도에 헬기장을 만들었다?

고순자 : 그게 지금 그 물골 공사 계단 공사.

최경숙 : 아니요. 이 사진은 그 헬기장 공사 할 때 이거를 했죠. 이 거는 지금 동도 말하는 거에요. 그리고 물골 공사 같은 거 는 연도수가 저기 다 있는데 그 책에 다 있잖아요.

회장 : 예.

최경숙 : 예. 여기 있는 그대로 보면 돼요.

회장 : 지금 오늘 사진 보셨던 동도에 그 하얀 집이랑 꼭대기 많이 있잖아요. 그 헬기장 공사를 그때?

고순자 : 동아건설에서 했는데…. 우리는.

회장 : 동아건설에서

최경숙 : 우린 주민이니깐 여름철에 우리가 그렇게 큰 뭐 이렇게 할 게 없잖아요. 할 게 없기 때문에 동도에 밥벌이 먹고 살라 카믄 동도 공사라도…. 이렇게 해야되는 그런 형편이었는 데, 그게 그냥 어부라 생각하면? 과연 모든 사람들이 생각 하는 아버지가 독도에 과연 어부만이라면은 독도에 공사 같은 것들을 해낼 수 있겠다고 생각합니까? 그거는 아니 잖아.

고순자 : 못 하지 그거는.

회장 : 그러니깐 동도 그리고 서도 공사할 때도 어르신이 개입을 하
　　　셔서 다 일을 하신 거에요?

최경숙 : 다 거진 다 일을 하셨었어요.

고순자 : 거진 다 할 수가 없지. 딴 사람은….

회장 : 음.

고순자 : 딴 사람은 다 하지도 못헙니다. 게, 그게 기계 장비가 안
　　　들어 가는데 어떻게…. 다 쟤네 아비지는 다 머리로 연구
　　　하면서 어떻게 어떻게 했지만은. 딴 사람은 일반 사람은
　　　그 머리를 쓸 줄을 몰라요. 못 하지.

회장 : 네.

고순자 : 기계. 무슨 기계가 고장나믄 바닷가에는 그 옛날 일본 사
　　　람들이 그 대포가 있어예.

회장 : 예예예.

고순자 : 폭탄! 폭탄이 있는데 한쪽가린 삭아불고 한쪽가린 그 화
　　　약이 붙어있어. 그거 그거 붕가 오라고 해서 그거 붕가다
　　　가 다 땜질하던 영감이지.

회장 : 허이구.

고순자 : 헤헤헤.

최경숙 : 그럼. 이렇게 모든 사실을 들어 보면 아버지가 이게 개인
　　　적으로 돈벌이를 목적으로 해서 독도 간 게 아니네요? 그
　　　러면은?

고순자 : 개인적으로 할꺼면 딴 곳에서 벌지. 왜 독도 와서 허겐?
　　　그게.

최경숙 : 음. 그면 독도에 아버지가 그거 말고 우리집 지었는거 그

이야기를 좀 해주세요. 첨에는?

고순자 : 처음에는 쪼그만허게 해가지고 스레뜨 한 몇 장을 덮어가
지고 살았어이. 살다가 또 좀 있으니깐, 쫌 여유가 있어가
니까 세멘트도 사가고 또 뭐 이 나무같은 것도 사다가 문
도 만들어놓고 방도 쫌 꾸며가고 그렇게 차츰 차츰 해가면
서 살아왔지 한번에 다 한 해에 다 지신게 아니라.

최경숙 : 그렇죠.

고순자 : 차츰 차츰 살아가면서….

최경숙 : 이게 이 집이 처음에 지었던 집이죠?

고순자 : 그래!

최경숙 : 이게? 이게 처음에 아부지가 우리가 토담집이라는게 이거
였잖아요. 그죠? 그 당시는 이 옆에 집이 없었지. 문어 건
조장 문어쟁이 아저씨들 집이 따로 없었잖아요?

고순자 : 그 당시에는 없었어. 문어쟁이들 집은 다시 또 지었지.

최경숙 : 네. 또 짓고 이 쪽으로 또 짓고 집터 닦을 때는 거진 다 쟁
이하고 망치 이런거 들고 닦었겠다. 그죠?

고순자 : 그럼 닦아 내니까 그 자리를 이 여기해봐도 안 되고, 저기
해봐도 안 되고. 이제 여러군데 집을 지어봐도 돌이 떨어
져.

최경숙 : 네.

고순자 : 돌이 거 저 뭐시거고 폭격맞은 돌이니깐 붙잡고 올라가 가
면 버석버석해. 게니까 이제 지신 현재 지은 집 그 장소 밖
에 집 지을 때가 없어. 게 허니깐 거기서만 집을 지서가지
고허면 태풍이 와도 까딱없고 비 쳐 저 벼락 떨어지면서

비가 와도 까딱이 없어. 그기 그자리는 그 이제 그 집 지은 그 자리는.

최경숙 : 음.

고순자 : 헌디, 그 자리에 이번에 삼층인가 이층인가 지었다 하니깐.

회장 : 네. 여러 가지 말씀을 들었는데, 어 뭐 생각나는 것 있으면….

고순자 : 네. 우리가예 거기서 살 때는 여긴 우리집이다, 고향이다, 여기 아니면 우리는 못산다, 그런 뜻에서 살아왔는데. 살다보니까 갑자기 아저씨가 돌아가시니까예. 뭐 어디어디 어떻게 헐 도리도 없고, 오늘날 이제 지금 테레비젼 볼 때마다 "독도 나온다 독도 누구 나와서 연설을 한다"해도, 누구 하나 나헌테 들어다 보는 사람도 없고, 내다 보는 사람도 없고, 독도에 관해 물어 보는 사람도 없고, 너무 억울헙디다. 억울해도 뭐, 언젠가 세월이 흐르면 언젠가는 또 이런 말씀이 나올 일이 있으리라 생각을 했는데, 우리가 거기 살아서 큰 동네도 만들고 큰 마을도 만들고, 우리도 좀 일본에서 넘보지 못하도록 우리 한국땅을 만들기 위해서 온갖 정성을 다하고. 바다에 모래를 꺼내 올리고 공사

란 공사는 다 참여하다 보니까 이제 모든 몸이 다 병이 들고 남아있는 것은 병 뿐이나 원망하기는 아저씨 살아계시면 막 원망하고 싶어도 아저씨가 돌아가셔부니까, 어디 원망할 때도 없고 말할 때도 없고 너무 억울해가지고 오늘꺼지 살고 있습니다. 그러니까 우리나라 우리 땅을 만들어놔야 나도 한번 큰소리도 하고 내가 독도에 살았었다, 요렇게 나가 말허겠습니다.

회장 : 고맙습니다. 이제 바른 말을 해야겠다 해가지고 독도가 한국 땅이라는 것을 역사적인 문헌을 조목조목 들어서 반박을 했어요.

고순자 : 예예.

회장 : 그리고 저도 일본에 몇몇 그 우리 한국을 잘 제대로 알고 있는 학자들이 있거든요.

고순자 : 예.

회장 : 그 사람들이 가지고 있는 그 역사적인 자료가 이게 객관적이잖아요?

고순자 : 예.

회장 : 그래서 그걸 토대로 해서 또 어르신 말씀하신거. 또 최종덕 선생님의 삶의 이런 자료들을 해서,

고순자 : 예.

회장 : 곧 독도의 바른 역사라는 제목으로 조그마하게 책이 나올꺼에요.

할머니 : 예.

회장 : 그럼 이젠 그 책이 일본어로 번역되고, 또 독일어나 프랑스

어나 영어나 이렇게 번역이 되구요. 그리고 인제 우리나라 각 기관이나 단체에도 보내서….

할머니 : 예.

회장 : 독도에 대해서 바르게 가르치도록 할꺼에요. 그래서 말씀하신 것처럼 내 나라 내 땅, 행복하게 살 수 있도록 만든 독도 마을을 만드려고 애쓰셨던 그 일을 이제 이어서 하도록 하겠습니다.

할머니 : 아유, 고맙습니다.

회장 : 예. 그리고 요즘 젊은이들이 독도에 대해서 바르게 또 연구하고 싶어 하는데 자료가 많이 없어요~ 그래서 이런 것들을 알려서 아이들이 바르게 인식하고.

할머니 : 맞습니다. 예.

회장 : 공부하고 해서 독도를 연구할 수 있도록 그렇게 일을 열심히 하겠습니다. 어르신.

할머니 : 아이유, 고맙습니다.

회장 : 네. 고맙습니다. 너무 그동안 평생 애를 많이 쓰셨습니다. 감사합니다.

해녀들(고순자, 양경란)과 최경숙 등이 울릉도·독도 방문 때 울릉도에서 녹취한 내용(2008년 11월)

고순자 : 나가 여 한 25년만에 온거 같아.

기자 : 15년이요?

고순자 : 25년만에.

최경숙 : 아니, 아버지가 돌아가신지 21년쩬데 무슨 25년이여. 으하하하하.

고순자 : 아버지 돌아간 뒷 해 뒷 해 또 왔잖아.

최경숙 : 뒷 해 뒷 해 오고 그 뒷 해부터 안 왔지. 88년부터 안 왔다.

고순자 : 처음에 아버지 돌아가시고 나가 안올라고 했어이.

기자 : 그 뒤로 2년을 더 계셨다 그랬어요.

고순자 : 나가 안올라고 허다가 엄마가 내 사정을 하는거라.

기자 : 어.

고순자 : 2~3년만 더 해주라, 2~3년만 더 해주라, 이렇게 허니까 이젠 무시할 수 없어 갔지. 할 수 없이 가서 작업을 하는게 아니라, 그때 처음으로 성도가 선장을 했는가.

최경숙 : 성도 아저씨가 선장했어. 처음에 .

고순자 : 성돈가 누겐가. 그렌 조서방이 갔어이.

양경란 : 조서방도 갔신디.

최경숙 : 그니까 근데 88년도에 왔다가 가고 안 왔으니까 20년만에 온거예요? 2008년이니까 20년만에 지금 두 분 다 독도에 온 거거든. 그리고 저기 아줌마 두 분께 물어 볼게요. 독도 에시 생활하시면서 좋았던 기익은 뭐가 있어요?

고순자 : 쳐 좋은게 뭐가 있나. 작업 많이 해무면 문어나 한 500킬 로 600킬로 잡아오면, 또 전복이라도 한 두어 강주리, 소 라라도 한 200~300킬로 요렇게 잡아올 때 기분이 좋고. 물건 못 잡아서 와가지고 요렇게 앉을 때는 하 이거 돈을 벌어야 할건데 그런 생각해요.

최경숙 : 독도에 겨울철에는 한 달에 몇 번 정도 며칠 정도 작업을 하지요?

고순자 : 며칠 못한다. 한 7일 아니면 8일?

최경숙 : 한달 30일에 7~8일?

양경란 : 나는 한 2년 독도 다녔는데 돈 버는게 재미가 있는게 아 니라 갈매기와 놀러다니는 것이 재밌났어. 하하. 그래가지 고 그게 경 좋드라 나랑 같은 신세 같았어게. .

최경숙 : 음.

양경란 : 갈매기알 주워로 가는거이.

최경숙 : 아줌마 갈매기알 주서가꼬 내려와 봤어요?

양경란 : 그땐 계단 했을 때지. 바게스 이렇게 들고.

최경숙 : 아. 아줌마 계단 했을 때 왔구나. 나는 젊어지고 내려왔는

데….

기자 : 그래. 20년만에 가니까 독도를 발을 못딛고 돌아서면서 보트
　　　　에서의 김성도 씨를 보셨잖아요. 반갑게 인사를 하셨는데 상
　　　　대방이 바빠서 그런지….

고순자 : 남남이지.

양경란 : 언니는 무슨 파도 때문에 나가 나가네. 처음엔 "형부"허
　　　　넨 물건 내리는 중이라, 나중엔 또 나가서 손을 붙잡고 얼
　　　　굴보면서 얘기했지. 내가 "형부~나왔어. 나 서도에 내릴꺼
　　　　라" 그말 떨어지자마자, 경숙이가 뒤에서 머리를 막 아저
　　　　씨 아저씨 인사 막 허구. 그런데도 김성도 배는 확 그냥 가
　　　　버리데, 모른척 하고게.

기자 : 어떠셨어요? 마음이 옆에 있는 저도 착찹하고 그랬는데….

고순자 : 사람 한 사람이 공간이 참 크구나.

양경란 : 허전했지. 우린 반갑게 갔는데 그 반가운거를 받아들이지
　　　　못허니까 좀 서운허지.

최경숙 : 그러니까 아버지 독도에서의 역할과 활동이 굉장히 컸다
　　　　는거를 아셨겠네. 그죠? 그러면 에… 그 당시 아버지의 독
　　　　도에서 활동과 역할이 그냥 한 어부로서의 역할이었다고
　　　　생각하십니까?

양경란 : 아니지.

최경숙 : 아니면은?

양경란 : 자기를 모두 희생하면서 독도를 그리고 오늘도 그 성도도
　　　　봐도예. 아저씨가 살아 계셨으면 우리가 이렇게 갈세를 받
　　　　지 않을거우다게.

고순자 : 기여.

양경란 : 돈을 떠나가지고.

고순자 : 파도…. 갈바람 파도가 쳐노니 배가 우리 배 덕진호 있을 때는 와서 교체를 해주곤 금방 배를 올려버리거든요. 들어가면 배를 올려버리는디 이거는 보트이기 때문에 우리가 들어가면 또 우리가 실러다 줘야되거든요. 나오질 못해요. 모른 사람은 모른 사람은 왜 이 파도에 못하겠느냐? 해도 예, 나는예 못헌다 그랬어요. 난 절대 안 된다, 절대 안 된다, 나오질 못했다는데 나가 그렇게 말했어요.

양경란 : 아니 전에도 아저씨 하곤 작업하당 파도가 셀라하믄 막 막 빨리 빨리 이제 그 쪽 배 올릴 욕심으로 하다가 후작작 갑자기 나오고 거기 기상을 알기 때문에.

고순자 : 기상을 잘 알아야 또 아저씨는 눈 감고 앉아 가지고 일본 기상 밖에 안 들어요. 그러면 바람이 어디꺼지 왔다 며칠 되면 또 파도가 씹니다 그렇게 말해요. 겨 아니믄 거기서 생활할수 없거든.

최경숙 : 그러믄 오늘 같은 파도는 여객선을 독도에 들어오지 마라 그래요. 왜냐하면 독도에 와도 선착장에 정박이 안 되니까, 독도기상을 먼저 아니까. 그죠?

고순자 : 그래. 안 들어와.

최경숙 : 음.

기자 : 그렇게 해야 정직한거네요.

고순자 : 그래게. 절대적으로.

기자 : 오늘도 많은 비용이 들고 한 200명이 갔는데….

양경란 : 독도에 배를 정박이 안 되는데 여객선이 떠면 안 되는 거지.

기자 : 그렇게 하면 안 되는 거네요 .

양경란 : 아니야. 자기네는 전화를 하고 얼마든지 알아볼 수가 있었잖아.

기자 : 음.

양경란 : 왜냐하면 아 우리가 여기서 출항하니까 배 댈 수 있어요? 하고 물어 봐도 되잖아.

기자 : 그렇지 그러면 아예 애초에 이렇게 관광 온 손님들이 독도에 내릴 수 있어요, 없어요, 확인할 수 있지 않나? 몇 시간 사이니깐.

고순자 : 내가 느끼는 게, 여기 오니까 그 독도에 들어가는 배가 있어예.

최경숙 : 음.

고순자 : 독도에 정박을 못하면서도 손님 실고 가는게 그게 괘씸합디다.

기자 : 예.

고순자 : 그게 너무 괘씸합니다. 독도 정박도 못 하는데 왜 이 배는 가느냐 말입니다. 순 돈 밖에 모른 사람들 아닙니까예.

기자 : 맞아요.

최경숙 : 경우가 없는거고.

고순자 : 예.

기자 : 아주 망신을 당하기에. 예예.

고순자 : 그렇죠.

최경숙 : 지금 독도도 워낙 사람들이 독도 독도하니까, 이 사람들이 생각하기를 독도를 그냥 가서 둘러만 봐도, 어 고맙게 생각해라, 감사하게 생각해라, 이거 잖아요. 지금, 하지만 그냥 한 바퀴 도는거 사진으로 봐도 충분한건데, 그냥 그렇게 생각하는게 그게 좀 안 좋다고 생각하고. 거 아줌마한테 물을께요. 거의 아버지가 독도에서 생활 당시 자주 하셨던 말씀같은 거 생각나는 거 없으세요?

고순자 : 뭐 술 먹어 사공들 술 먹어가지고 막 개지랄허면 우리 보고 술을 단속 하랍니다. 술은 아줌마는 술은 잘 단속하세요. 많이 먹으면은 아~ 시꺼러워서 안 돼.

양경란 : 갈 때 많이 가져가지?

고순자 : 열 상자씩 혹 열다섯 상자씩 사서 가면 그 창고에다가 다 숨겨 놔가지고, 겨믄 그 술 먹을려고 그냥 그 술을 도둑질 해 가거든.

최경숙 : 그리고 아줌마가 84년에 독도에 주민등록증을 옮겼잖아요? 옮길 당시에 우리가 옮기고 난 뒤에 어떻게 계기가 되어서 옮겼는지? 그동안 다니시면서도 안 옮겼는데 어떤 계기로 해서….

고순자 : 그 때는 독도에 저 거기 주민등록을 옮기지 않으면 독도에 다니질 못했어.

최경숙 : 음.

고순자 : 해녀들도 못 들어가게 돼있었어.

최경숙 : 음.

고순자 : 그러니까, 아저씨가 주민등록 옮기세요 해가지고 옮겨놨어.

최경숙 : 음. 그러면은 아버지 같은 경우에는 동네를 만들려고 계획
하셨네?

고순자 : 응. 동네지. 이제 아줌마 주민등록까증 다섯 호수만 되면.

최경숙 : 예.

고순자 : 집을 다섯 호수만 되면은 한동네가 되니까.

최경숙 : 예.

고순자 : 이제 우리 사는데 하고 문어쟁이들 사는데 하고 또 요쪽에
또 창고 하나가 있었어.

최경숙 : 예.

고순자 : 그러면은 세 개, 또 바닷가 붙여가지고 이렇게 기둥 세워
가지고.

최경숙 : 예.

고순자 : 집을 요렇게 지어 가지고, 고기 관광객들 오면 고기 낚으
라고 한다고 아저씨가 그렇게 했어 양식장 헌디.

최경숙 : 예.

고순자 : 거기다가 이제 저 기둥을 세워서 위에는 집을 짓어가지고
관광객들 오면 거기 앉아서 고기 낚으라 한다고 그렇게 하
면은 이제 서너네집이 되지 않으나 .

최경숙 : 네.

고순자 : 되면은 이제 한 동네가 될꺼다 했게. 그래서 그때 주민
등록 옮겨놨어.

최경숙 : 그러면 그 당시에 정부에서는 아버지한테 어떻게 보조해
주고 그런거 전혀 없었나요?

고순자 : 아니 없었어. 보조는 커녕 아무것도 없었어.

최경숙 : 그럼 자신의 사비로 아버지가 서도에 마을을 만들려고 했
　　　　는 거네요.

고순자 : 정부에서고 어디서고 아저씬 일절 돈 받은거 없어. 돈 받
　　　　은 것도 없고, 돈을 갖다 쓰라해도 아저씨는 절대 안 써.
　　　　그져 그 바다에서 작업허면 작업해서 벌면은 당신 주머니
　　　　에 돈 백만 원 들어오면 그냥 그걸로 내 투자하는거라.

최경숙 : 독도에?

고순자 : 응. 네 뭐 기계도 사와갔다가 뭐 또 사와갔다가 허면서, 식
　　　　꼬미해서 올라고 하면 한 달에 그 때 돈 돈 백만 원 더 들
　　　　어요. 그래가지고 싣고 와서 먹고 없으면 또 가고 융자라
　　　　도 좀 타고 저 받아가지고 하세요 허믄, 예 시끄럽게 그런
　　　　짓 안한다, 그랬는데. 아저씨 돌아가시니까 누가 돈 달라
　　　　하는 사람이 있어요? 아무도 없었지요. 그거 융자한다 뭐
　　　　한다 한거 같으면 뭐 이사람도 돈 달라 저 사람도 돈 달라
　　　　했을텐데, 갑자기 돌아가셔도 어느 사람 돈 백원 하나 달
　　　　라는 사람 아무도 없었잖아.

양경란 : 저 아저씨 독도 길만 닦아놨지. 거기 독도에서 돈 번거 하
　　　　나도 없수다게.

고순자 : 으으응. 돈 번거 없어.

최경숙 : 그리고 여기에 오니까 울릉도에 오니까 주민들이 몇몇 젊
　　　　은 사람들이 이야기 하기를 아버지가 독도에 갔는 이유는
　　　　돈벌이로 갔었지, 나라를 위해서 갔는 게 아니지 않느냐
　　　　그러더라고.

고순자 : 돈 벌로 갔지.

최경숙 : 그래서 내가, 맞다. 먹고 살기 위해서 돈 벌러 갔기 때문에 독도에서 생활을 했지. 아무것도 할수 없는 곳에 터전을 잡고 살 사람이 누가 있냐고? 내가 이래 했는데, 참 여기 오니까 이상한 말도 많이 듣고 했네.

고순자 : 거기서 벌면서, 수익이 남으면 그걸로.

최경숙 : 독도에 투자를?

고순자 : 독도에 투자를 해가지고 살아온거 아니냐고, 빈손에 누구가 거 독도에 가서 무인도에 가서 투자하면서 살 사람이 어딨어?

기자 : 그건 얘기 할 것이 없어요. 그 너무나 모르는 사람들 얘기고 신이 아닌 바에야 밥은 먹고 살아야 되는데 돈벌이 하러 갔다 그렇게 말을 한다는 그 사람은 상식이 너무 없는 사람 얘기에요.

기자 : 얘기할 가치가 없어.

최경숙 : 그리고 또 개인이지 않냐.

기자 : 그렇죠. 개인이 했기 때문에 더 이게 가치가 큰 거예요. 개인이 이런 이런 기가막힌 일을 했다는 것이 더 더 큰 의미가 있다는 거예요. 지금 그리고 아까 말씀하셨지만 당시에 그렇게 다섯 가구만 형성이 되면 마을이 되는데 하면서 관광객을 위해서 낚시를 할 수 있는 그런 것도 만들었다. 그 이십 몇 년 전에 그런 구상을 하셨다는 것은 오늘날에 와서 이십년이 지난 오늘날에 와서 독도를 개발하겠다고 하는 이 사람들보다 훨씬 더 앞선 생각들을 갖고 계셨으니까.

양경란 : 아저씬 먼 앞을 내다보고 생각 하십니다게.

기자 : 앞길을 내다보고 그렇게 .

기자 : 정말 그 돈 한푼 그 나오면 그걸로 다 다시 재투자 하시면서
　　　그 때문에 오늘날 이렇게 흘러가도 시간이 흐를수록 이분이
　　　얼마나 더 떳떳하시겠어요.

고순자 : 당시는 그저 자신이 노력 해가지고 단돈 돈백만 원이라도
　　　　남으면, 아 이걸로 뭘 해야 되겠다 뭘해야 된다, 요렇게 한
　　　　죄 밖에 없어. 아저씬 먹은 것도 없고 쓴 것도 없고 그저
　　　　자신이 벌어가지고 당신 그 땅 독도 그 구멍에 들르고 질
　　　　르고 허다보니 머.

양경란 : 거기만 투자했으니.

최경숙 : 문어 건조장! 멀리서 오늘 봤죠. 그 문어 건조장 집 지어
　　　　났는거도 다 흐트러지고 없고 아버지 흔적이라고는 거기
　　　　에 계단공사하고 물골하고 남아있는거는 그거 밖에.

고순자 : 집들은 싹 없어지고.

고순자 : 그 물골에 요거시 물골이면 요쪽에 굴이 있어 가면 그 구
　　　　멍이 두 개가 있어.

고순자 : 내가 지고 들어갔다 굴속에 원동기를. 거기 물을 바닷물을
　　　　들렸다가, 빼냈다가 하면서 고기 양식해가지고.

최경숙 : 맞다. 맞다. 그때 고기 양식 했는데다 맞다. 예예.

고순자 : 양식해가지고 고기 모두 죽어버리고, 또 거기 놀 고기도
　　　　없어. 으하하하하.

최경숙 : 물골 옆에.

고순자 : 매와졌는디, 어떤지는 모르겠다마는. 요거는 흙 하나 파고
　　　　고기 양식 해놨지.

최경숙 : 예. 맞다.

최경숙 : 그라고 또 문어 건조장 올라가는 길 밑에 그 자연 그기 그
전복 우리가 묶어가고 났는데 있었잖아요.

고순자 : 그기는 저 전복 자주 담구지 못해. 담구어 놓으면 파도 쳐
가지고 줄 끊으져. 다 도망가서.

최경숙 : 그러니까 줄 두 개씩 해가 묶아놨었잖아. 그 안에 어.

고순자 : 묶어도 안돼. 파도가 파도가 이 세게 처가지고 광주리가
떠나가부러.

최경숙 : 음.

기자 : 참 그 보통일을 하신 게 아니에요.

고순자 : 독도 생활은 서로 믿어야 삽니다. 이제, 나는 아저씨를 믿
고. 아저씨는 우리를 믿고. 우리 해녀들을 믿고. 그래서 아
저씨가 배 치(운전대)를 잡아서 바다에 가면은 우리도 마음
놓고 물 밑에 들어가서 작업하고 다른 사람은 잡으면은 마
음이 좀 불안해.

기자 : 그 속에서 이렇게 물질을 하시면서 살아내셨다는게 얼마나!

고순자 : 그러니까예. 그 전복을 요렇게 저 경숙이 아까 말한 곳에
담가 놓으면 아저씨가 우리보고 파도 센 날은 그걸 끊어
오라고 합니다. 게 끊어오라 헐적에는 여기 몸에 줄을 매
거든예. 여기 줄을 매가지고 이 줄을 아저씨가 가만히 붙
잡고 앉아 있습니다. 앉았다가 이제 우리가 전복 확 끊어
올라오면 아저씨가 막 잡아댕겨가지고. 흐허허. 그렇게 허
고 그렇게 허면서 살았어요. 에이고오.

기자 : 딴 사람 같으믄 그 기상 몰르면 몇 번 사고 났을 거예요.

고순자 : 그죠. 그 기상을 모르면.

기자 : 예보를 모르면. 사고 안전사고가 굉장히 많이 났을꺼 같아
　　　요.

양경란 : 나도 처음 가니까예. 작업 한창 하매 파도가 많이 안 세는
　　　데, 집에 가자시드라고.

양경란 : 그게 느닷없이 갑자기 이렇게에.

고순자 : 예! 갑자기 그렇게 돼요.

양경란 : 갑자기 가자니깐, 괜찮은데 왜 가냐고 하는가, 나는 무신
　　　일 인고 허난 조금 있으니깐 빨리 배를 올려야 된다 해 그
　　　냉. 내 이렇게 가만히 쳐다보니, 바다가 잔잔허니 작업할
　　　만한데 생각하는데 한 시간도 안 되어서 그냥 막 파도가
　　　막 쳐요.

고순자 : 조르메 매 따라옵니다.

양경란 : 금방.

고순자 : 아침엔 반반 허거든요. 오늘 여기 같이 반반해가지고 작업
　　　나가면,

양경란 : 순간적으로 바람이 불어와요.

고순자 : 작업나가서, 작업을 쪼금 허다보면은, 참 아줌마 말따나
　　　이제 그 소라 하나 잡아가지고, 아이고, 요거 알뜰히 하나
　　　주서간 팔아서 우리 아들 초코파이 하나 사줘야지 해거네.
　　　막 꼬꾸러지어 허당보면 위에서 벅벅 잡아댕겨. 아저씨 왜
　　　잡아 댕겨요? 그러면 아저씬 저기서 바람 터져요. 그 오늘
　　　보트 들어간데. 가기 전에 바람이 터져부러예.

기자 : 그렇게 갑자기이.

양경란 : 집 앞이 왕, 금방 왕, 배를 올리는 순간에 파도가 막 몰려 와요.

고순자 : 막 몰려와, 몰려옵니다.

양경란 : 나두 첨에 들엉 파돈 잔잔한디 어떵행 작업을 안 하지. 생각하곤 했어게. 그런 걸 아저씬 알았기 때문에 사고 없이 안전하게 작업을 했어예.

기자 : 참 대단하세요.

양경란 : 그런거 모르믄 못허여.

고순자 : 그런거 모르면 작업 못합니다.

양경란 : 아무나 못허여.

고순자 : 그래가지고 이제 저 한번은 저기서 나 김 뜯고 올라 올라요 하니깐, 아저씬 가지겠어요. 허건데 예, 가지쿠다, 밧줄을 가지고가서 돌방구에 묶어놓고 그 바위 넘어 가서 김을 막 뜯고 있으니까, 갑자기 일본 비행기가 와서 빙빙 빙빙 돌아다녀, 그런데 날은 막 컴컴허고 헌디 그 비행기가 오니깐 동도 순경들이 막 나와 나옵디다 나왕. 저 순경들은 날 보겠지, 요렇게 해서 마음을 놓고 김을 뜯었어예.

기자 : 예예.

고순자 : 김을 뜯는디, 이제 그 때는 김성도가 독도에 같이 있을 때라. 캄캄 어두운데 김 한 망태기 뜯어가지고 이어싸 이어싸 밀려오당 보니깐 스폰지옷 입고 헐락 헐락 막 헤험쳐 갔어. 휘엉간 아이고! 영핸! 아우, 무사옵디가 하난 아이고 아저씨가 그냥 가보라고, 이 죽은 사람이지 산사람은 아니라고 점심도 안 먹고 오지 않는다고 해가지고 왔덴, 허

면서 행 이젠 그 김을 가정 파도가 치니깐 가져 오지를 못 하니깐 김성도하고 막 땅을 팠어예. 자갈을 굴을 파가지고 그 망태를 묻었어. 묻어 놓아두고 이젠, 이제야 김성도가 저렇게 해도예, 본디 사람이 인정이 있습니다게, 요 돌방 구를 디뎌야 올건디 나가 이걸 발질 못하니깐, 당신 자기 손을 요렇게 놓으면서 이걸 밟아서 넘어오라 합니다. 밟아 서 넘어오랜 해 그냉 그거 밟앙 넘어오니깐, 아저씨한테 욕을 직싸게 들언 이젠 앞으로 절대 김 뜨으래도 못 간다 면서 파도가 잔잔해져서 가보니깐 그 김이 홀랑 파도에 끄 집어 가부런 머 흔적이랑 이십니까? 아무것도 없어 망태 도 없어, 그 파도는 예 독도 파도는 간단하게 생각했다간 큰일나요.

기자 : 그러면 그 일본 배는 왜 아니 일본비행기가 왜 왔을까요?

고순자 : 그 한번씩 그때는 돌았어요.

최경숙 : 진짜 한번씩 돌드라고.

고순자 : 한번씩 돌데요. 그리곤 기냥 가버립니다.

최경숙이 울릉도 주민들에게
아버지의 흔적 및 독도 활동상을 물어서
영상 취재한 내용(2008년 10월)

울릉도 주민 : 최종덕 씨는 거게서 어…. 보자. 한…. 이십한…

최경숙 : 이십이년.

울릉도 주민 : 이년? 내 생각에는 한 이십사오년 될끼라…. 그기서 작업을 해따꼬. 해녀들 데꼬 작업을 했는데…. 내가 스물 한 살 스무살 때부터 거기에 들어갔으니까네…. 이십이년 아 그래

최경숙 : 아버지 이십이년만에 돌아가셨어요. 네….

울릉도 주민 : 그때는 독도 물골에 길이 없는데, 밤에 비바람이 부는데 그 너머에 너거 집 있는데를 이놈의 물골에서 너거 아버지가 혼자 그 산등넘어에 혼자 후라쉬 가지고 넘어 다녔다고 밤에.

최경숙 : 네.

울릉도 주민 : 배올리 놓고.

최경숙 : 네. 그런데 배를 올리는 이유가 뭐였어요? 왜 배를 올려

요?

울릉도 주민 : 파도가 파도가 세게 치니깐.

최경숙 : 그럼 배를 어떻게 올리셨는데요?

울릉도 주민 : 기계 동끼로 이용해서 기계로 가지고….

최경숙 : 아…. 그럼 그 당시에 독도에서도 직접 아버지가 만드셨단
　　　　말씀이세요?

울릉도 주민 : 직접! 자기 사업을 하니까 제주도 해녀들을 델따가
　　　　　　거서 작업을 했거든….

최경숙 : 보통 어려운 일이 아니셨을텐데….

울릉도 주민 : 보통 사람은 못하지.

최경숙 : 예.

울릉도 주민 : 그 분은.

질문자 : 예. 어떤 분이셨는지….

울릉도 주민 : 독도를 그때는 독도 지킨다 그러는데는 관심은 없었
　　　　　　고 어… 생계 유지하기 위해 가지고….

최경숙 : 예.

질문자 : 그래요.

울릉도 주민 : 그건 맞아요. 벌어 먹고 살기위해서 갔죠.

최경숙 : 예!

울릉도 주민 : 해녀들 한 열 명 데리고….

최경숙 : 거 첨에는 그랬지 나중엔 해녀 두세 명 두 명씩 이래가 작
　　　　업 위주로….

울릉도 주민 : 그 때는 하다까라 했지…. 하다까.

최경숙 : 예.

울릉도 주민 : 제일 처음에는 해녀들을 칠팔 명쯤 델꼬 갔고. 해녀 이름도 전부다 알아 내가….

최경숙 : <u>으ㅎㅎㅎㅎㅎ</u>.

울릉도 주민 : 그라고 그 다음에는 이제 발전이 되가지고 하다까 하는 배로 가지고, 거 잠수선 같이 그래 했다고.

울릉도 주민 : 밥 벌이 할려고 간거야. 울릉도 보다 수입을 더 많이 벌려고, 그렇지 그렇게 하니까 집도 짓고 모든 서도를 관리를 하면서 계단을 그걸 만들고….

울릉도 주민 : 하루는 너거 아버지가 내가 이발 떡 하이께네…. 저기, 오늘 내 동도 영자 집에 술한잔 무러 가까이라는 기야.

최경숙 : 으하하하하.

울릉도 주민 : 독도에 무슨 영자집, 영자집에 없는기야 농담으로…. 생생하네….

질문자 : 네. 인간적인 면에서는 어떤 분이셨어요? 한번 들어볼게요.

울릉도 주민 : 좋지요. 좋아요. 그라고 이 이 부지런키를 우리 뭐 속된말로 부지런타 카나 뭐, 말도 못해요. 그라고 딱 차고 나가는 리더십이 아주 참….

질문자 : 네. 리더십이….

울릉도 주민 : 우리가 남들이 생각지도 못한거를 개발해낸다꼬. 신기하더라고.

질문자 : 그게 참 선각자였던거 같아요. 오늘날 이십 년만에 독도를 이제 정부가 개발할려 그러고, 23일날 대통령도 그 발표를

했거든요? 그러기 때문에 최종덕씨 삶이 이제는 중요하게 부각이 될 때가 온거 같습니다.

울릉도 주민 : 독도에서….

질문자 : 네.

울릉도 주민 : 독도에서 돈을 벌이 가지고 독도에서 방어가 많이 있었는데….

질문자 : 네.

울릉도 주민 : 방어 어장한다고 돈을 또 요새 돈 같으면 수 천 만원을 내버렸어예…. 어장 실패했거던…. 흐흐흐

질문자 : 울릉도…. 말씀하신거 중에 오징어배 조명등.

울릉도 주민 : 울릉도. 저 배를 동끼로 육상에 올리는거 그 사람이 개발했어요.

질문자 : 오징어배 조명같은 거도요?

울릉도 주민 : 예예. 그런거 많이 많이 개발했어요. 그라고 이 자기가 자체 고기를 냉동시키는 그것도 자기 집에서, 요요 요집이라요.

질문자 : 예.

울릉도 주민 : 거기에서 개발한다꼬. 내도록 연구했어요. 한번은 이런 대형 밴데, 물 밑에 전기 불을 넣어가지고 그거를 개발해가지고 비행기 써치라이트 써치라이트 카면 알아요?

질문자 : 예, 예.

울릉도 주민 : 길쭘하이 이래 생겼는데…. 거기 하나 넣어놓으면 위에 밑에 하나씩 넣어놓으면 위에 10개 서는거보다 더

깊이 내려간데요. 그래가 고기도 많이 잡았어요. 개발 많이 했어요.

질문자 : 그런 것들이 현재 많이 사용 되고 있습니까?

울릉도 주민 : 지금은 그거보다 더 좋은기 나왔지요

질문자 : 그거를 기초로 해서 더 좋아진거네요..

울릉도 주민 : 예, 예.

질문자 : 제가 봤을땐 선지자, 선각자 역할을 하신거 같아요. 울릉도에 자랑이신거 같아요.

울릉도 주민 : 하여튼! 마 울릉도를 개발한 자이고, 자기가 뭐 자꾸 연구를 하는 사람이야. 연구를….

질문자 : 그 얘기를 지금 이구동성으로 듣고 있어요.

울릉도 주민 : 그렇지.

(주변은 트로트 음악소리)

울릉도 주민 : 독도에는 저 한겨울에는 일곱시 되야 날이 새거든요.

최경숙 : 예.

울릉도 주민 : 날이 새는데…. 네 시 돼가지고 기계를 (시동) 걸려있 더라꼬. 기계를 걸고 네 시쯤 돼가 잠 안 자고 일을 하더라고 진짜 부지런합니다.

최경숙 : 어제 울릉도에서 그 당시에 저 독도에서 십 몇 년을 함께 했던 아주머니를 모시고 독도에 갔었어요

울릉도 주민 : 누군데데?

최경숙 : 고순자 아줌마.

울릉도 주민 : 아….

최경숙 : 왔다 갔어요. 독도 갈라고…. 어제 독도 가는데 입도를 못
하고….

질문자 : 그 김성도 씨…. 이 이 일을 본거 하고, 또 유가족이 이야
기하는 김성도 씨하고 다르더라구요. 그래서 제가 확인할
려고 왔구요. 검사겸사…. 그리고 어 최종덕 어르신에 대
해서 어떻게 추억하시는지…. 제가 좀 알고 싶고. 또 너무
니 이 분이 중요한 일을 하고 있었더라구요. 그래서 어, 지
금 독도를 굉장히 대통령께서도 23일날? 앞으로 이제 실
제적이고 실효적인 지배차원에서 개발을 할거라고 말씀하
셨어요. 그렇다면 이십 년을 독도에서 최종덕 어르신이 사
람 사는 땅을 만들기 위해서 무인도를 유인도화하는데….

울릉도 주민 : 맞아요.

질문자 : 지대한 공로가 있으시잖아요?

울릉도 주민 : 네, 네.

질문자 : 거기에 대해서 인정을 하고 국가차원에서나 다른 단체에
서나 또 유관 기관에서나 이분에 대한 이야기들이 새롭게
부각이 되어야 될꺼 같아서요. 그런 자료도 수집을 하고
또 최종덕 어르신에 대한 추억을 어떻게 가지고 계신지?
여러 어르신들의 말씀도 생전에 함께 하셨던 그 어르신들
에 대한 추억담도 좀 듣고, 그럴려고 이렇게 검사겸사 방
문을 했습니다.

울릉도 주민(정태산) : 아, 예. 감사해요.

정태산 : 에흠, 최종덕씨가 원래 울릉도 요밑에 살적에….

질문자 : 네.

정태산 : 그 분이 독도를 평상시에….

질문자 : 네?

정태산 : 앉아 있으면 독도에 관심을 가지고 있는기라.

질문자 : 아…. 평상시에도요?

정태산 : 평상시에 독도 가기 전에….

질문자 : 그 때가 그럼 최종덕 어르신 연세가 얼마 정도 되셨을까
　　　　 요?

정태산 : 그 때….

질문자 : 제가 알기로는 60년 1~2년에 들어갔다고 들었거든요.

정태산 : 육십… 한 육십 년.

정태산 : 육십 년대 초정도? 육십 년도에 박정희가 울릉도 올적
　　　　 에….

질문자 : 예.

정태산 : 이길에는 사람 서이(셋)도 못 뎅겼어요. 기 리아카 있는
　　　　 쪽…. 처음에….

질문자 : 네.

정태산 : 그 때 종덕이가… 저 왜놈 저놈들이 독도를 즈그 땅이라고
　　　　 이카는데 그게 아닌데..우리 땅인데….

질문자 : 박정희 대통령께서 하신 말씀이?

정태산 : 아이라 박정희가 말고 최종덕씨가….

질문자 : 아! 최종덕씨가, 아, 예예.

정태산 : 그래가 저 섬에 가가 사람이 살아야….

질문자 : 예.

정태산 : 그 증인이 된다 이기라….

질문자 : 아이구!! 그게 가장 큰 역사적인 자료입니다.

정태산 : 그래 그러이 인자 그 그때부터 최종덕씨가….

질문자 : 네.

정태산 : 내가 독도 가 살테이까네…. 가 그때 어촌계장 했어요. 어촌계장 하면서로….

질문자 : 어떤 쪽으로 하셨습니까 어르신께서….

정태산 : 도동에 어촌계장 어민회 대표….

질문자 : 아, 예.

정태산 : 그래가 있시이… 자네도 이래 있지말고 독도 한번 온나 와가….

질문자 : 네.

정태산 : 내가 드가 있을테이까네 인자 동도, 서도 있는데….

질문자 : 네.

정태산 : 서도에는 가며는 그 굴속 황토굴 속에 우리가 거 살았고….

질문자 : 예.

정태산 : 서도에는 최종덕씨가 너와집을 만들어가 간단하게 해서 있었는데

질문자 : 처음에는 동도에 계셨겠네요? 최종덕 어르신이?

정태산 : 서도, 서도.

질문자 : 서도에…. 예.

정태산 : 서도 서도에 있었는데 지금 거 김성도 사는 그 집이라요.

아주머니 2 : 네네 그 집 터….

정태산 : 그 집도 거 있는데 그래 거 인자 물이 귀하이까네….

질문자 : 예.

정태산 : 물(마실) 물이 없어가 그 산을 넘어가 그 넘어 가서 물골에
　　　　 가가 물을 갖다 묵는기라 산을 넘어가가….

질문자 : 예.

정태산 : 그랬어요.

질문자 : 그 물골을 언제 개발하셨을까요?

정태산 : 그 물골에 가면은 최종덕이가 그 물나는 자리를 섬을 댕기
　　　　 면서 그거를 알았는 기라… 알아가….

질문자 : 아….

정태산 : 흘러오는 물을 갔다가 세맨까 요래, 막아가.

질문자 : 아….

정태산 : 그거를 샘을 맨들었는 기라….

질문자 : 그랬어요?

정태산 : 그래가 그때부터 물골에 사람이 인자….

질문자 : 살 수 있었요?

정태산 : 그 밑에 가서 생활하고, 그기서 인자 묵고 살고 이랬지….

질문자 : 네. 네. 그래서 국토 한 나라의 국토가 유인도 그러니깐 유
　　　　 인도로 할수 있는 세 가지 조건, 나무가 있어야 되고 물이
　　　　 거기서 나야 되고, 사람이 살아야 되고 이 세 가지 요건을
　　　　 충족시키기 위해서 무인도에 들어가서 사셨단 거죠….

정태산 : 그래서 무인도에 물이 없기 따문에 어예 살래 그러니까,
　　　　 그거 내가 물 발견했다.

질문자 : 아, 발견했다.

정태산 안사람 : 거 경비선 저저 경찰들이 독도를 지켰잖아. 옛날부

터….

정태산 : 그래서 거기 독도 가서, 그래가 물골에 가니까, 물이 쪼 매 흘러나오는데 그 물을 갔다가 샘을 요롱게 만들어가지 고….

질문자 : 막아서….

정태산 : 종덕이가 만들어가 그 물을 자기 집에서 그 산을 넘어가서 내려가가 물골에 가 가지고 물 떠다가 먹고 이랬어요.

질문자 : 음….

정태산 : 그 사람 무시 못합니다. 작고를 했지만도….

질문자 : 네.

정태산 : 울릉도 독도를 위해서 정말로 빛난 사람입니다.

질문자 : 그렇지요. 이 분은 이 분은 더군다나 외지인이 아니고 울 릉도 주민이었지 않습니까?

정태산 : 하모.

질문자 : 울릉도에 긍지고….

정태산 : 예. 울릉도 긍지고….

아주머니2 : 자부심입니다.

정태산 : 예.

질문자 : 왜냐하면 지금 제가 육지에서 왔지만 서울에서 제가 8월 15일날 광복절날 왔었거든요.

정태산 : 예.

질문자 : 왔었는데, 그 땐 최종덕 어르신에 대해서 전혀 알지 못하 고 왔어요. 전혀 몰랐어요.

정태산 : 그래, 그 분이….

질문자 : 그런데 나중에 갔다 와서 이 따님을 만나가지고 알았는데…. 그만큼 육지에서는요. 최종덕씨에 대해서 아는 사람이 없습니다. 그리고 우리나라 기관에도 없고, 홍순… 홍순칠.

정태산 : 홍순칠이….

질문자 : 네. 그 분은 예…. 그 분도 중요합니다마는 그 분은 의용수비대원으로써 한 건 당연한 걸 한거지만 제가 얘기하고 싶은 것은….

정태산 : 그 때는….

질문자 : 사람이 살게 했던 땅 그것이 참 중요한거죠.

정태산 : 그 때 그 당시에 홍순칠이가 의용수비대 했어요. 그 때….

질문자 : 네. 네. 네. 네.

질문자 : 그래서 그런 부분을 최종덕 어르신이 살면서 그 땅을 그 사람이 살 수 있는 땅으로 참 그렇게 노력을 아끼지 않았다고….

정태산 : 예. 노력 많이 했어요. 예….

질문자 : 많은 그 연구도 하셨고 또 그런 얘기들이 있었거든요?

정태산 : 연구하기 전에 그 당시에는 독도 가면요. 이 발을 물에 몬 담가 놓습니다.

질문자 : 아. 왜요?

정태산 : 껍지가 뜯어 먹어싸가…. 껍데기 그러는 고기가 있어요.

질문자 : 아….

정태산 : 그것들이 이 걸 뜯어 묵는기라….

질문자 : 그래요?

정태산 : 흐허허허

질문자 : 그런 그 악조건에서 어떻게 사셨을까요?

정태산 : 예. 그 물 때문에 그래가요. 이제 종덕이가….

질문자 : 예.

정태산 : 최종덕씨가 그때 최종덕이하고 배석현이 하고 내하고 그 기 독도에 가서 있었는데 일 년 있다가 왔거든요.

질문자 : 이르신 죄송합니다민 지금 연세하고 성함이 어떻게 되시 는지 제가 여쭤봐도 될까요?

정태산 : 정태산이고

질문자 : 아, 예.

정태산 : 칠십다섯

질문자 : 네. 아우, 그러시구나….

최경숙 : 저기요, 어르신요. 뭐 하나 여쭤볼께요. 제가 아버지가 독 도를 할 때 오 년마다 바다 세를 줬잖아요.

정태산 : 그래.

질문자 : 도동 어촌계에….

정태산 : 맞아. 맞아.

질문자 : 예. 그 이야기를 쫌 해주세요. 도동 어촌계….

정태산 : 그거는 왜 그러냐면 독도에 가서 전복 소라 해삼을 잡기 때문에….

정태산 안사람 : 허이 여 그 아저씨는 그때 작업한다꼬….

정태산 : 근데 인자 거 가면은….

정태산 : 그기 해변가에 있는 물건이 도동 어촌계 소속이거든?

질문자 : 아, 예.

정태산 : 도동 어촌계 소속이니까네 거서 해삼이나 소라나 전복 따
면은 그 수수료를 받기 위해서 그래가 그랬던 기라.

질문자 : 아, 그러셨구나.

정태산 : 그, 그래서 독도에 살았어.

제3부
최종덕에 관한 신문기사 모음

「無人」獨島에 住民이 생겼다

漁夫 崔鍾德씨 세家族 住民登錄옮겨

토담벽에 슬레이트지붕…집지어
무진장의 전복·돌미역으로 生計

"日의 자기땅 主張은 말도 안되는 소리"

경북 울릉군 남면 도동 산63번지와 67번지의 독도(獨島). 북위 37도14분, 동경 131도52분42초에 자리한 우리나라 최동단(最東端)의 영토로 주민등록을 22일 이곳으로 옮긴 崔鍾德씨(52·어업)의 가족 3명이 사상처음 독도에 자리한 실질적인 주민이 된 것이다.

독도앞바다에서 고기잡이하는 崔鍾德씨

〈獨島=李○○기자〉

"無人" 獨島에 첫 住民

崔鍾德씨 一家 3명

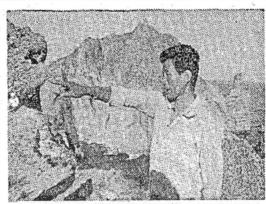

◇사상 최초의 독도 주민이 된 崔鍾德씨가 서도 해안에 있는 자기집을 가리키고 있다.

샘 발견…토담집 짓고 定着

"日 所有權 억지는 어림도 없지요"

무인고도(無人孤島)이던 우리나라 최동단의 영토 독도(獨島)에 주민이 정착했다.

사실은 울릉도 및 독도학술조사단(단장 洪永杓)과 취재기자일행이 22일 현지답사함으로써 확인됐다.

전국후 최초의 독도주민이 된 주인공은 울릉군에 본적을 둔 어부 崔鍾德씨(52)와 음식점경영 가족을 모두 3명.

지난 남편 거주지인 울릉군 남면 도동에서 본적을 둔 50리가량 떨어진 독도로 주민등록을 완전히 옮긴 것으로 울릉도 주민 崔씨가 발견한 수돌샘물을 급수할수있는 천부하 양의 2개의 섬으로 되어 있다.

도에 나와 고기잡이로 식수가 없어 정착해 음못했다면서 「최근 서도 정착해 유일하게 식수가 있는데 지 유리한 살 길을 찾게됐다」고 말했다.

이 섬은 해안경찰의 유일한 학술조사단의 참가한 거한 말벗이기도하다. 해안경찰대의 유일한 학술조사단이 참가한 거한 말벗이기도하다.

최씨는 『어업전진기지는 물론 고기가 많아 이득도 정 볼고 모기가 많아 생활하기 어려워 점토에서 5평 남짓한 토담집을 지어 정착했다.

최씨는 소형선박으로 고 나가 동해장에서 고기잡이 생각할수 있어 계속 살 생

崔씨의 이번 정착은 이제 독도는 한국의 영토라는 것을 국제적으로 정치지리학상으로 무인도로 되어 독도가 한국의 영토임을 분명 우리땅임니다. 일본이 독도를 자기영토라고 주장하는 것은 말도 안되는 소리

【獨島=◯◯◯기자】

조선일보 1977.10.25

日、外務省관리派韓검토

獨島에 漁民定着 확인위해

26일 청와대에서 朴大統領과 영애 槿惠양이「합산」主반주내외와 함께 오 찬장소로 들어가고 있다。

【東京AP헌】「하토야마」(鳩)衆議院외무위원회에서 日本의 一段論제를 알아보기 위해 外相산하 수 있는 신분의 인물을 대신하수 있는 인물을 파견하는 것이 어명졌다。 日本의상은 26일 정부는 韓國어민의 獨島定着을 확인키위해 外務省관리의 韓國파견을 검

보하겠다고 말했다。

「하토야마」의 상은 이날 韓 國어부의 獨島정부는 日本 의 主權을 침해하고, 신회 물을 손상시킨 것이라면서 진 상파악을 위해 外相을 대 신할수 있는 인물을 韓國 에 파견하는 것이 어명졌 누나는 社會黨소속「이노우 에게이에」(井上一成)의이 질의에 대해 이같이

답변했다。

한편「나가에 요오스케」 (中江要介) 外務성「아시아」 국장도 외무위원회에서 이 문제를 협의하기위해 昨日 韓國공사를 의무성으로 소 환했다고 말했다。

「나카에」국장은 獨島의 영 유권문제는 국제사법재판소 에서 논의하는것이。마땅하 다는것이 日本측의 기본입 장이라면서 충전의 주장을 되 풀이했다。

동아일보 1977.10.27

민의 어업근거지요, 뱃는 노역의 쉼터로 활용될수 있던 곳들의 위치에 놓여 있는 것이다. 독도연안을 한바위 남쪽과 고래 상어 오징어 기타 어족이 풍부하고, 또 주위에 무수히 산재하고 있는 암초에는 가재 다시마 미역 전복 소라 붕이 무진장 서식한다. 따라서 맨년어 물이면 인근군거지로 삼아하여 임옛날부터 어업근거지로 종사하여, 며의 생활터전이 되어오고 있는 사항이 시로 만산인 것고 엿사해, 학술조사에서도 다시 확인됐다.

그러나 만상 현장에 상륙하면 이섬은 비단 역사적이나 국제법상 법위의 관념적으로만 우리 영토가 아니라 이 미 우리 국민의 삶가 묻혀있고 또우리 어민—구가 무방하여있겄 (由人 整整整軍守의 딴) 살피있는 「有人」 강화다임 신비했다.

해경면과 비상시근무요령중에는 화성가에 의한 일불어경고방 송을 하게되어 있는 것도 이색적이었다. 그러나 후진선과는 뻗리주로 일부내륙 경제청아 하봄 이곳의 망원경이 표제(나군)인 경에는 삼한 느낌이 들었다. 또 이곳에 오는 많은 사람들이 조국만 위문품 한 꾸러미망 놓고는 오히려 이것저것 귀 챦은 임무들만 시키는 것도 건강하 는 것이다. 지나간 일이지만 이곳을지 커 첫밤테시렌트사이롬밝의자연경만 더먹바릇 도지사의 이땅, 더먹 을 뼈치고있음 모습은 향병건이었다. 움직이는 뿌책가 그리워 뿌끼렴 놓 아 기바다는 朴薰립경장 (28) 은 전화 처남 숩머정의 「수고하라」는 전화 한 밭고 독감가 우리영토임을 더욱실

〈손현주 문화부 기자〉

강원도 竹邊에서 동북쪽으로 1백23㎞떨어진 울릉도。그곳에서 또 동남방향으로 92㎞떨어진 独島연안 동해의 물결은 푸른 색이 아니라 오히려 검은 색깔이 더 짙어보였다。그 달라져 보이는 물빛깔이 더욱 더 먼 거리를 실감시키는 것도 独島만이 지니고 있는 風情일는지도 모른다。

獨島(벌거벗은 바위섬)는 가리키는 경상도 方言인「고독한 섬」이라는 뜻에서 나온 이 섬의 호칭 자체가 복잡한 역사적인 고증을 하지않아도 韓國領임을 분명히 내포하고 있는 셈이다。또 지리적으로도 独島는 우리 쪽에 훨씬 치우쳐있다。가장 가까운 일본섬 (隱岐島)이 우리의 울릉도보다 근 두배나 되는 1백60㎞ 떨어져있는 것이다。

울릉도에서 동덕선을 타고 1시간쯤 헤쳐 나가다 보려

二 獨島

땅으로 변해가고 있는 사실에 주목하게된다。

수십년동안 우리 해안경찰대가 점유하여 보초를 서 오고있는 동안 이 섬에서는 이미 3명의 우리 해경대원이 순직-전사, 꽃다운 목숨을 나라에 바쳤다。独島를 이루고 있는 두개의 섬중 東島고지 양지바른 쪽에 이들 세 英靈의 묘지는 일본을 향하여 나란히 누워있다。

許學祥경사가 54년11월10일, 李燦出경장이 70년5월26일, 金永洙상경이 79년8월29일 각각 사망한 것이다。

마침 두달근무일기를 마친 해경대원들이 이곳 묘소에 와서 꿇어엎드려 절하고 하직신고를 하는 장면을보자, 눈시울을 적시게 했다。근무하러 오는 날에도 조촐한 祭物을 마련하여 始務신고를 한다고 한다。

이들은 야간근무중 실족하여 목숨을 잃었다고 한다。이처럼

조선일보 1981.10.10

수비대만이 상주하는 대한민국 최동단 獨島에 민간인 1號로 주민등록을 옮기고 정착한 崔鍾德씨. 마주보이는 섬이 崔씨가 살고있는 西島, 崔씨가 서있는곳은 수비대가 있는 東島다.

住民登錄까지 옮기고 "여기는 내땅"

獨島「로빈슨·크루소」

단한명의 常住 民間人 崔鍾德氏

슬레이트집 짓고 전복養殖

밤엔 守備隊도와 "警備업무"

65년 上陸 경운기로 發電··TV·냉장고도

週末話題

家族은 울릉도에···"孤獨이 敵"

중앙일보 1983.7.30

▲ 중앙일보 1983.8.1

日、独島주민에관심

【東京＝연합】日本정부는 30일 韓国정부가 양국간에 영토분쟁이 계속돼온 独島에 최근 한 어부를 정식주민으로 등록했다는 보도에 대해 조심스러운 반응을 보였다.

▲ 조선일보 1983.8.2

日、独島거주에항의 外務部、主権재천명

외무부는 18일 日本외무성 정보문화국장이 이날 발표한 独島에 관한 담화문과 관련, 「정부는 日本정부가 우리의 고유영토인 独島에 대해 부당한 주장을 해온 것을 유감으로 생각한다」는 성명을 발표했다.

【東京＝연합】日本외무성은 18일 「韓国人의 独島거주사실이라면 日本정부로서는 이에 엄중항의한다」는 내용의 담화를 발표했다.

▲ 조선일보 1983.8.19

우리땅獨島 외로운不寢番

本報 李圭錫기자 現地르포

東海의 고도 獨島는 그 이름만큼이나 홀로 외로운 섬이다. 한국의 극동(북위 37도14분 동경 131도51분)으로 불리는 우리땅 獨島를 지키는 경비대는 외로움과 바람과 추위와 싸우면서 한해를 보내고 새해를 맞을 채비를 하고있다. 3인치포 기관총 M16총으로 무장한 경찰관과 전경들 15명이 獨島경비대의 전부다. 경사를 대장으로 경장1명 순경1명 전경12명으로 편성된 獨島경비대는 2개월마다 얼굴이 바뀐다.

警察15명 두달에 한번씩 交代

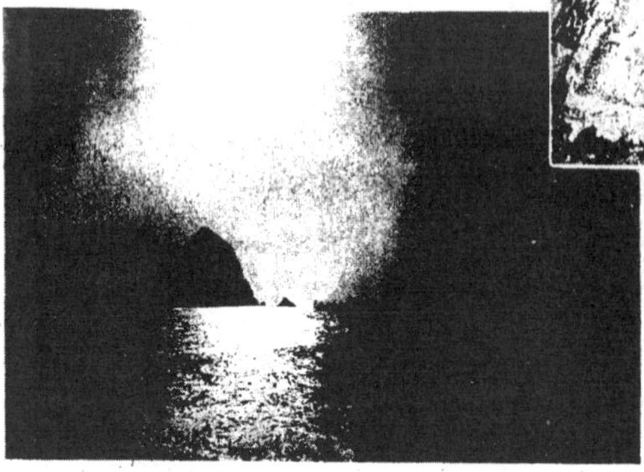

「韓國領」이란 글씨가 새겨진 바위벼랑에서 獨島를 지키고있는 경비대원. 뒷쪽에서 바라본 獨島. 왼편이 경사가 급한 東島이고 오른편이 주민 崔鍾德씨가 사는 西島. 〈[illegible]기자〉

待避漁船돌보며 엄중한警備

가파른 바위로 된 섬

빗물받아 食水로

동아일보 1984.12.10

한국판 로빈슨 크루소 「独島 주민」 崔鍾德씨 잠들다

사진= 韓 永 熙 기자

독도의 유일한 민간인이던 주민 崔鍾德씨(63)가 9월23일 세상을 떠남으로써 독도는 다시 외로운 섬이 됐다. 지난 65년부터 독도에서 전복 해삼 미역 등을 채취하며 살아오다 독도가 우리 땅임을 국민의 가슴 속에 심어주기 위해 지난 81년 10월 주민등록까지 경북 울릉군 남면 도동 산63 독도로 옮겼던 崔씨는 그의 삶의 터전이었던 독도를 끔찍이도 아끼던 사람이었다.

『대한민국의 절반과 독도 중 어느 것을 갖고 싶으냐고 묻는다면 저는 독도를 택하겠읍니다. 육지와 달리 바다의 자원은 무진장이거든요.』 만나는 사람마다에게 독도를 아끼고 가꿔야 한다고 말해 온 崔씨는 섬주변 바다 밑까지도 훤히 아는 유일한 「독도인」이었다.

崔씨는 일제 때 부친이 학교를 다니기 위해 울릉도에서 평양으로 이사하는 바람에 평남 순안에서 태어났다. 장성한 후 고향 울릉도로 돌아와 고기잡이를 하던 그는 독도 근해의 황금어장에서 일하면서 독도에 애정을 갖기 시작, 섬벼랑 밑에 방1칸 부엌 1칸짜리 슬레이트집을 들여 정착했다. 81년에는 부인과 자녀들을 울릉도에 남겨둔 채 단신 주민등록을 이전, 독도에서 거주해 왔다.

스스로를 「한국의 로빈슨 크루소」로 여기는 崔씨는 독도의 西島에서 어장을 가꾸며 일본선박이 나타나면 東島의 경비대에 즉각 연락하는 등 독도의 파수꾼 역할도 했다. 그는 독도의 용감수비대장이었던 洪舜七씨(86년 사망) 얘기를 곧잘 꺼냈다. 경찰경비대가 주둔하기 전 53년부터 56년까지 울릉도 주민들로 수비대를 조직, 일본선박들과 싸우며 독도를 사수해 온 洪대장을 존경한다는 것이다.

그 洪대장도 崔씨도 가버린 독도는 다시 적막에 잠겨 있다. 누가 뒤를 이을 것인가. 생전의 崔씨는 『나는 우리 청년들을 믿습니다. 그들 중 누군가가 독도에 살며 민간인으로서 독도를 지킬 것 입니다.』라고 말해 왔다. 〈李仲植 사회부기자〉

◇「한국의 로빈슨 크루소」崔鍾德씨. 独島를 지키던 유일한 민간인이었던 崔씨가 지난 9월23일 세상을 떠나, 독도는 다시 외로운 섬이 됐다.

주간조선 1987.10

金日成주의자의 준동

―時局事犯과는 다른 이들에의 對處―

独島에 살으리랏다

―独島사람 崔鍾德씨를 기리며―

조선일보 1987.10.4

社說

들러리 안되게

—「民和委」 발족에 부쳐서—

「民主和合」을 하자는데 싫다고 말할 사람은 아무데도 없다. 그것은 沙漠보다는 꽃밭이 더 좋으며, 보리죽보다는 햅쌀밥이 더 좋다고말하는 것이나 똑같은 이치에서다. 이런 이치에서 국민은 盧泰愚 당선자의 公約대로「민주화합 추진위원회」가 발족된 것을 우선 나쁘지 않다는 정도로 말해두려 한다.

이왕에 생겨난 바에야「民和委」는 앞으로 민주개혁의 과제와 국민적 살풀이의 과제를 그야말로 정직하게 집약해서 直言할 수 있기 바란다. 다만 한가지 아쉬운 점이 있다면, 이번의 人選이 우리가 바랄수 있는 至高至善은 못된다는 점인데, 여기엔 물론 우리사회의 元老부족현상과 本人들의 固辭라는 고충어린 까닭이 있을 것이다.

이러한 기구가 발족될 때마다, 우리는 항상 일말의 공허감 같은 것을 느낀다. 그것은 지난 16년간 또는 26년간의 권위주의 시대를 살아오는 동안, 우리의 눈앞에는 너무나도 많은 허깨비 같은 들러리 기구들이 明滅해왔기 때문이다. 그럴 만한 必要가 있을 때마다, 歷代의 권력들은 걸핏하면 여기 저기서 이름깨나 있는 사람들을 自意半 他意半 끌어내다가 무슨 위원회니, 자문회의니, 또는 고문회의니 하는 따위의 實權없는 들러리 기구들을 만들어서 外華內貧의 장식물로 부려먹다가 흐지부지 내팽개치곤했다.

이런 기구들은 흔히 한달에 한두번씩 회의를 한답시고는 실제로는 事務局에서 일방적으로 정해서 배부한 내용을 그저 추인하는 정도로 일을 끝내버렸다. 말하자면 얼굴없는 實權者들의 연출대로 꼭두각시처럼 행동하면서 공연히 이용만 당한 셈이다.

이번의「民和委」만은 제발 그런 전철을 밟아선 안된다. 두번 다시 병풍노릇이나 들러리 노릇만은 하지 말라는 말이다. 그리고 추호라도 權力側에 그런 기미가 보일 때는 위원들은 자존심에서라도 각각 자리를 박차고 나와야 한다.

실상 앞으로의 새 權力이 民主나 解寃을 위해서 무엇을 해야 할 것이냐 하는 것은 무어 반드시 무슨 위원회를 만들어야만 알 수 있고 할 수 있는것은 아니다. 무엇을 고치고, 무슨 짓을 하지 말아야 하며, 누구를 어떻게 解寃해주고 어떤 民怨을 어떻게 풀어줘야 할 것인가는 이 정부와 민정당과 盧총재 자신이라 해서 결코 모를리가 없다. 자기들이 한일을 왜 자기들이 모를 리가 있겠느냐 하는 것이다.

지난 세월을 통해 국민의 基本權인 신체·양심·결사·언론·출판등의 자유가 어떻게 어떤 방식으로 유린당했으며, 정치적 反對者들이 어떻게 탄압을 받았으며, 光州에서 무슨 일이 벌어졌으며, 지역감정이 어떻게 유발되고 조장되었으며, 특혜와 부정부패가 얼마나 확산되었던가는 그 加害의 당사자들이 누구보다도 더 잘 알 것이다. 그러니 그 是正策은「民和委」같은 특별기구의 건의를 굳이 기다릴 필요도 없이, 당사자들 스스로가 알아서 結者解之의 자세로 실천만 하면 될일이다. 그러나 어쨌든 이왕에 만들어진 이상에는, 국민 앞에 무엇인가 칭찬받을 물건을 하나 만들어내기 바란다.

열매맺은 独島 살으리랐다

—본격적 조사연구기관 설치 긴요—

政權이 어떻고 선거가 어떻고, 내가 아니면 이 나라라는 배가 제대로 航路를 잡을 수도 없고, 자칫하다가는 破船이 될지도 모른다는 투로 목이 쉬게 외쳐대는 사람들은, 그들대로 뛰어난 經綸을 가지고 자부심에 가득차서, 国政이라는 마당에 나서기를 원하고 있을 것이다.

그리고 그런 포부와 태도를 탈해서는 민주주의라는 것이 제대로 안된다는 事理도 잘 알고 있으나, 또 한편으로 목청높은 그들의 경륜이나 抱負에 힘입어서만 이 나라가 5천년의 역사를 간직해 온 것이 아니라는 사실의 일면도 잘 알고 있는 우리이기도 하다. 하여튼 요즘같이 摩擦音이 심한때에 세상이 좀 차분하고 조용하게 살 수 있는 환경과 마음가짐은 지닐 수 없는 것인가 하고, 우리는 때로 깊이 가슴속에 自問自答을 해본다. 실은 그러한 사람들, 이를테면 남 앞에 나서서 떠벌리지 않고, 남이 떠벌리는데에로 쉽사리 이끌리지도 않으면서 默默히 자기의 일에, 또 자기가 가고싶은 길을 충실히 한걸음 한걸음씩 걸어가면서는 말없는 多衆이, 우리의 역사를 쌓아 왔다는 사실도 우리는 또한 알고 있다.

자기나름의 行路를 선택하고 자기나름의 의지와 집념을 그 행로앞에 남이 알게 모르게 쌓아가는, 그러한 사람들로 표징되는 한국인像—그것이 오늘 우리에게 소중하고 필요한 국민像이 되는것이 아닐는지. 또 그러한 인간상이 스스로를 도움으로써, 하늘로부터도 도움을 받을 수 있는 참된 삶의 人間像이 아닐는지—。

本欄은 지난해 10월4일자에「独島에 살으리랐다」題下의 글을 통해 아예 주민등록까지 그곳으로 옮겨, 22년을 오로지 独島에서 살아온, 그리고 교대 근무하는 경비대 말고는 대한민국 국민으로서 오직 홀로 그 섬을 지켜오기도 한 故 崔鍾德씨의 의지와 집념을 이을 사람은 없는가고 세간에 물었다.

이 물음에 드디어 열매가 맺혀졌으니 참으로 기쁘다. 그것도 燈下不明이었다할까. 바로 崔씨의 사위인 趙俊紀씨 일가가, 장인과 아버지와 그리고 이미 출생지를 独島로 신고해 둔 두살배기 趙씨의 아들까지 치면 외할아버지의 뜻까지를 잇기위해 独島로 이주할 준비에 바쁘다고 전해졌다. (朝鮮日報10일자11면)

더구나 이 快挙를 뒷받침해 주기 위해, 당국에서 관할군에 1억원의 특별지원까지 했다하니, 우리의 입장에서는 錦上添花라고 치하하지 않을수 없다. 이에 힘입은 趙씨는『5가구 이상이 모여사는 어엿한 어촌마을로 만들겠다』고 꿈에 부풀어 있다고 했다.

우리는 同慶의 기쁨과 박수를 아끼지 않으면서 이왕 내친걸음에 요망사항이 한두가지 있다. 1억원이란 적잖은 예산을 船着物·주택·저수탱크 기타 용도등에 쓸때, 모든 공사나 작업이 행여 날림이 안되도록 예산 집행당국이 誠意를 다해 달라는 것이 하나—。

또 하나는 漁資源등 수산자원및 어업전진기지로서의 개발타당도 조사의 적극화, 燈臺의 3백60도 활용을 위한 신축 또는 개축, 독도에 알맞는 樹種으로의 녹화사업, 기상관측소 설치 그리고 이름없는 주위 바위섬들에 이름을 붙임으로써 우리의 領土의식을 더욱 확고히 부추기는 등의 작업을 위해, 본격적인 独島연구기관이 출범하기를 해당요로에 제언하면서, 그 실현을 切望해 마지 않는다.

조선일보 1988.1.12

횡설수설

獨島에 사람이 居住하기 시작했다는 사실이 세상에 널리 알려진것은 지난 77년10월 24일 東亞日報보도를 통해서였다。獨島住民 1호인 崔鍾德씨(당시52세・87년9월23일 사망)는 몇년째 독도에서 어업에 종사하며 살다가 이해 10월초 경북울릉군남면도동산63번지인 독도로 아주 주민등록을 옮겨버렸던 것이다。일본은 당일로 일본朝野에 전해졌고 마침 開院중이던 일본 衆議院에서 外相을 불러 따지는 등 소동을 일으키기도 했다。독도는 「역사상 및 국제법상으로 일본 고유의 영토」인데 한국인이 주민등록까지 옮기도록 일본정부는 뭘 했느냐는 것이었다◆근래 독도가 또 韓日간 외교적 분쟁을 일으켰던 것은 88년9월이었다。마침 서울올림픽을 계기로 美蘇양국 함대가 동해로 몰려온 때여서 소련공군기가 9월16일오전10시경 독도상공을 비행한 일이 있는데 일본정부가 발끈하여 소련에 항의를 하고 나섰다。역시 독도가 일본영토인데 왜 남의 영공을 침범했느냐는 것이었다。우리 외무부도 일본에 대해 蘇機의 우리 영공침해에 일본이 왜 나서느냐고 항의하여 독도를 둘러싼 국제분쟁은 韓蘇日 3국으로 확대되는 감마저 불러일으켰다◆옛날의 시비곡절이야 차치하고라도 일본의 독도영유권주장은 1904년 島根縣告示에 근거하고 있고 우리는 1900년 舊韓末 정부칙령41호 「石島」영유권 선포에 법적 근거를 두고 있다。이 石島는 독도의 별칭임은 두말할 나위가 없다。그러나 우리국민들은 국제법이나 역사적유래를 따지기에 앞서 독도가 당연히 우리 땅임을 실정적으로 인식하는 공감대를 가지고 있음은「독도는 우리땅」이란 가요로도 알수있다◆이같은 국제적 분쟁의 대상인 독도에서 「독도産아기」1호가 탄생하리란 소식이다。이 아기는 독도주민1호인 崔鍾德씨의 외손주가 되는데 88년2월 독도에 이주한 崔씨의 사위 趙俊紀씨와 딸 崔京淑씨 등 독도가족의 둘째 아이가 된다。2월8일 출생예정인 이 아기의 출산을 돕기위해 朴基熙外國語大교수를 비롯한 「푸른독도가꾸기회」회원들이 의사 간호사와 함께 독도에 갈것이라한다。이 아기는 명실상부한 獨島人이 되어 우리영토를 지키는 상징적 존재가 될것이다。

동아일보 1990.1.19

독도최종덕기념사업회
(Dokdo Choi Jong Deok Commemoration Association)

■ **주소**

경기도 성남시 분당구 정자동 대림아크로텔 C동 520호

■ **설립목적**

- 독도의 실효적 지배의 중요성 홍보
- 왜곡된 독도현대사 바로잡기
- 독도 1호 주민 최종덕 어른의 독도사랑과 애국심을 전 세계교 민에게 알리고 실효적 지배를 굳건이 함
- 최초 주민 최종덕 어른의 독도에 대한 헌신과 집념을 알리고 학생들의 올바른 독도 사랑정신을 함양

■ **단체연혁**

2008년 7월	다음 아고라에 고인의 글을 처음 올린 것이 계기가됨. ※독도 주민 1호 알리기 위한 책자 발간
2008년 9월	비석을 세우기 위하여 현장 답사 고인의 비석을 세우기 위하여 국토해양부, 문화재청, 환경부 등 신청서 제출

2008년 10월	독도에서 같이 생활한 해녀 찾아 제주도 방문
	독도 주민의 자료 수집(사진)과 그 당시 상황을 비디오 녹화로 증언 수집
2008년 11월	제주 해녀와 울릉도, 독도 방문
	※ 최종덕 추모회로 명칭 변경
	독도살았던 당시 자료 수집(사진, 증거자료)
2008년 12월	한국신지식인협회에서 선정하는 명예신지식인 선정
	독도 다큐멘터리 '미안하다 독도야' 상영 금지 가처분 신청.
2009년 7월	울릉도 독도 박물관 자료 수정 요청
	경북도청 사이버독도 자료 수정 요청
2009년 10월 25일	서울역 3층맞이방 국내 최초 독도 주민 생활 사진전 개최
2010년 1월 8일	독도최종덕기념사업회로 국토해양부 비영리민간단체 설립허가
2010년 2월 22일	국회의원회관에서 독도 최초 주민 최종덕 옹 독도생활자료전 개최
2010년 4월 10일	말레지아 한국인 학교에서 독도 홍보 영상과 독도 최초 주민 독도 생활 사진전 개최
2010년 6월 7일~7월 17일	울릉군, 독도 박물관 독도 주민 생활 자료전 개최
2010년 6월 13일~15일	제1회 독도 최초 주민 삶의 현장

	탐방 행사
2010년 10월 25일~11월 5일	성남 시청에서 독도 최초 주민 독도 생활 자료전 및 학술 세미나 개최
2010년 12월 10일	동북아역사재단 '독도 평화상' 수상
2011년 2월 22일~25일	구리 시청에서 독도 최초 주민 생활 자료전
2011년 6월 13일~15일	제2회 독도 최초 주민 삶의 현장 탐방(80명)
2011년 9월 26일~28일	제3회 독도 참사랑 음악 콘서트 및 독도 탐방(70명)
2011년 11월 25일	독도최종덕기념사업회 2011년 1년차 총회 및 송년회

| 찾아보기 |

ㅊ

김호동

영남대학교 독도연구소 연구교수

■ 저서

『독도 · 울릉도의 역사』, 『고려 무신정권시대 文人 知識層의 현실대응』, 『한국 고 · 중세 불교와 유교의 역할』, 『한국사 6』(공저), 『울릉도 · 독도의 종합적 연구』(공저), 『독도를 보는 한 눈금 차이』(공저), 『울릉군지』(공저), 『독도 영유권 확립을 위한 연구 Ⅰ~Ⅲ』(공저) 등

■ 논문

「조선 숙종조 영토분쟁의 배경과 대응에 관한 검토」, 「조선초기 울릉도 · 독도에 관한 '공도정책'의 재검토」, 「개항기 울릉도 개척정책과 이주실태」, 「일제의 한국침략에 따른 '일본해' 명칭의 의미 변화」 외 다수

영원한 독도인 최종덕

초판 인쇄 : 2012년 9월 10일
초판 발행 : 2012년 9월 20일

편   저 : 김호동
엮   음 : 독도최종덕기념사업회
펴낸이 : 한정희
펴낸곳 : 경인문화사
주   소 : 서울특별시 마포구 마포동 324-3
전   화 : 02-718-4831~2
팩   스 : 02-703-9711
이메일 : kyunginp@chol.com
홈페이지 : 한국학서적.kr   http : //www.kyunginp.co.kr

값 20,000원
ISBN 978-89-499-0857-1   04990
ⓒ 2012, Kyung-in Publishing Co, Printed in Korea